LIENS

PAR ECRIT

Genre-based Composition in French

JOANN HAMMADOU

UNIVERSITY OF RHODE ISLAND

HH

Heinle & Heinle Publishers
A Division of Wadsworth, Inc.
Boston, Massachusetts 02116 U.S.A.

The publication of *Liens: Par écrit* was directed by the members of the
Heinle & Heinle College French Publishing Team:

Editorial Director: Patricia L. Ménard
Marketing Manager: Cheryl Carlson
Production Supervisor: Barbara Browne

Also participating in the publication of this program were:

Publisher: Stanley J. Galek
Vice President, Production: Erek Smith
Editorial Production Manager: Elizabeth Holthaus
Managing Developmental Editor: Beth Kramer
Project Manager: Petra Hausberger
Manufacturing Coordinator: Jerry Christopher
Interior Book Design: DECODE, Inc.
Cover Design: Caryl Hull Design Group
Bridging The Gap Logo Design: Duvoisin Design Associates
Illustrations: Valerie Spain

Library of Congress Cataloging-in-Publication Data

Hammadou, JoAnn.
    Liens : par écrit: genre-based composition in French / JoAnn
  Hammadou.
        p.   cm. -- (Bridging the Gap)
    French and English.
    Includes index.
    ISBN 0-8384-4615-9
    1. French language--Textbooks for foreign speakers--English.
  2. French language--Composition and exercises.   3. Literary form.
  I. Liens.   II. Title.   III. Series: Bridging the Gap (Boston, Mass.)
  PC2129.E5H36   1994
  808'.0441--dc20   93-44180
                                                       CIP

Manufactured in the United States of America

ISBN 0-8384-4615-9

Heinle & Heinle Publishers is a division of Wadsworth, Inc.

10 9 8 7 6 5 4 3 2 1

TABLE DES MATIERES

INTRODUCTION TO THE BRIDGING THE GAP SERIES

JOANN HAMMADOU

The main purpose of the *Bridging the Gap* series is to provide a link between basic language work, much of it required, conducted during the first two years of university foreign language study and the increasingly diversified advanced work that language students choose to pursue.

The courses at this level usually bear some sort of composition and/or conversation label, but their curricular content may vary according to the interests of the current instructor. The curricula are often pushed and pulled among focuses on language learning, literary study, or cultural studies. Many times the pushing and pulling among these forces is worse than members of the teaching profession would ever like to admit.

The *Bridging the Gap* series is a sequence of texts in French, Spanish and German designed to create a common ground for all of the varying agendas that compete for students' attention after the intermediate stage of language learning. There are, in fact, many areas of study in which the different perspectives on language learning intersect and can be used profitably by students at this stage. There is no need to continue divisive debates over the role of these courses when there is the option of finding what elements all three perspectives(language, literature, culture) share and providing students with more integrated programs as a result.

ORGANIZING PRINCIPLE: GENRE

Students of a foreign language have or seek to have meaningful purposes for their foreign language. They want to know what they can *do* with the language skills that they have. Mastery of a given genre provides students with a concrete accomplishment in an otherwise abstract discipline.

The concept of genre is used as the point of departure for organizing one level of the series. A genre is a class of communicative events that share a communicative purpose. Expert authors of a given genre agree on its communicative purpose, and this rationale shapes its structure, style and choice of content. The choice of genre as organizing principle reflects the growing diversity of interests of students continuing their language studies; genre, therefore, is not used exclusively in a literary sense.

The *Bridging the Gap* genre-based level has three components:

1. A **composition** text organized by genres

2. A **reader** containing additional and/or lengthier examples of the genres

3. A **conversation** text focusing on language functions within each genre

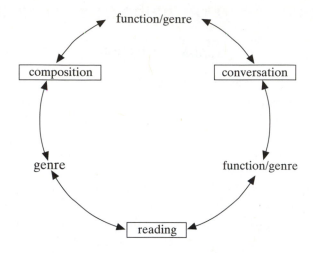

The texts can be used either concurrently or in sequence during a two-semester (third year) program. The series is flexible both in how the texts can be mixed and matched and in how materials can be used within each text. The sections within the texts are not presented in a lockstep sequence, and the order of the chapters may be rearranged without difficulty or loss of continuity.

THE COMPOSITION COMPONENT

This text gives long overdue recognition to the use of writing to foster students' understanding of the varied communicative functions of language. No longer is the sole purpose of writing merely to practice sentence-level structures and/or to support the skill of speaking or reading. When written language is used solely to provide support for the other language skills of speaking and reading, students rightly ask why they should write at all. In the *Bridging the Gap* composition text the focus is on the true purpose of the writing: expressing one's own ideas as convincingly as possible.

The pedagogical approach throughout the text emphasizes the process through which a writer creates and produces written work. Students are guided through the writing of several drafts of each paper, starting with invention and other pre-writing activities. An understanding of the form, content, style, and purpose of a given genre are delineated for the student writer. The aim, however, is not slavish attention to a model or a "write by numbers" approach by learners. Rather, the goal is a more sophisticated understanding of content, style, audience and organization than is usually applied to foreign language writing.

THE READER

The reader mirrors the composition text by providing lengthier examples of each genre. For each genre in the composition text, the reader provides at least two different samples. Generally, the differences will be due to the type of source of the sample (for example, a portrait from a newspaper article and a literary portrait).

The reader's samples of each genre are linked by theme. The reader serves as extensive input to students before they must sit down to the task of writing themselves. The texts were selected based on their ability to encourage reading by students. They are on high interest topics and comprehension of the texts is seen as only the beginning. Comprehension is a building block that students can then use to personalize the text meaning to their own interests and use the texts' as catalysts to create their own texts. The exercises and information given to the students have as their purpose to enhance (1) word recognition, (2) global comprehension, (3) understanding of cultural referents, and (4) motivation to read beyond the course material.

The reader is linked to the composition book by genres and to the conversation text by language functions as well as genres. This linkage provides an important sense of unity when the components are used simultaneously or of continuity when they are used in sequence.

THE CONVERSATION COMPONENT

It is communicative purpose as well as genre that links the conversation and composition texts. In foreign language studies, communicative purposes are defined by discourse functions. And for speaking and writing alike, discourse functions at this level reflect more sophisticated goals, including sensitivity to audience, context and, above all, content.

A guiding principle of the conversation book is that post-intermediate students should be expressing their growing awareness of social interests and issues. Their use of language should reflect not only the development of linguistic skills, but also the development of knowledge and the ability to think critically about information and ideas. To this end, activities within each chapter of the conversation book are sequenced to provide students an opportunity to sound their knowledge and opinions and to share their ideas as they learn from their peers in non-threatening, small group discussions.

To support the goal of having students express critical awareness of the subjects treated, a substantial selection of culturally authentic materials has been included. These materials offer a variety of information, insights, and language, and reflect the universality of ideas.

The activities in the conversation book lay the foundation for writing by offering students an opportunity to develop and test their ideas in interactive oral discourse. The reader, in turn, offers additional sources of information and language, along with activities to promote the sort of critical reflection that is the central goal of the series.

The *Bridging the Gap* approach reaches out to a student body that is increasingly diversified by blending diverse topics and styles throughout the program. All three components of the genre-based level require students to interact cooperatively, not competitively, to establish relationships, and to be participatory decision makers.

Each Chapter of each text focuses on one genre and its communicative purpose. The readings, drawn from literature, magazines, and newspapers from around the Francophone world, provide models of good writing and the basis for small group discussion. The following chart illustrates the relationship among the three genre-based books.

	Par écrit	*Lectures diverses*	*En paroles*
Chapitre 1	Le Portrait	Le Portrait	La Personnalité
Chapitre 2	La Description d'un lieu	La Description d'un lieu	L'Environnement
Chapitre 3	Le Conte	Le Conte populaire	L'Art
Chapitre 4	Le Compte rendu d'un événement	Le Compte rendu d'un événement: l'accident	Compte rendu de la vie active
Chapitre 5	Le Résumé	Le Résumé	La Lecture
Chapitre 6	Le Compte rendu d'un film	Autour d'un film	Le Cinéma
Chapitre 7	Le Récit	Le Récit	On raconte ses souvenirs
Chapitre 8	Le Rapport	La Polémique - I	Les Bonnes causes
Chapitre 9	Le Rapport	La Polémique - II	Les Bonnes causes
Chapitre 10	La Publicité	La Publicité	Les Publicités

PREFACE

Liens: Par écrit is the post-intermediate composition text for Heinle and Heinle's five-part *Bridging the Gap* French series. Like the reader and conversation components of the series, the composition text is designed to *bridge the gap* between study of the French language at the beginning levels and studies of francophone literatures and cultures at the upper levels. *Liens: Par écrit* addresses the need for appropriate composition materials to enhance the articulation between those two different levels of the typical college French curriculum.

The fundamental goal of *Liens: Par écrit* is to provide students with a variety of effective strategies and meaningful opportunities to express themselves clearly and creatively through writing. This textbook familiarizes students with both the esthetic pleasures and the practical applications of writing in a second language.

Students using this book will enhance their writing skills in French through

- an all-French presentation
- an interactive approach to writing
- attention to the process of writing
- increasingly challenging activities in each chapter
- substantive, authentic reading models from literary and nonliterary sources

GENRE-BASED WRITING

Each of the ten chapters focuses on a distinct category of communication definable as a *genre*:

(1) Portrait

(2) Place description

(3) Folktale

(4) Accident report

(5) Summary

(6) Film review

(7) Story narrative

(8) & (9) Report

(10) Advertisement

A *genre* is a class of communicative events that share a communicative purpose. Expert authors of a given genre agree on its communicative purpose, and this purpose shapes its structure, style, and choice of content. Mastery of a given genre provides learners with a concrete accomplishment in an otherwise abstract discipline. The aim, however, is not slavish attention to a model or a "write by the numbers" approach. Rather, the aim is understanding and fulfilling the communicative purpose of a given genre. Student writers are encouraged to look beyond sentence-level issues and to employ their more sophisticated understandings of content, style, audience, and organization. The result is a more mature piece of writing for which the writer's desire to clean up sentence-level errors may actually be increased.

THE CHAPTER STRUCTURE

Each of the ten chapters of *Liens: Par écrit* is structured to lead students through a progression of graded reading and writing activities (both group and individual) that culminate in a substantial student composition. Initial chapter activities are designed to introduce and define the genre, assist students with chapter readings, and build student facility with both sentence-level and discourse-level features of language.

READINGS

Each genre is illustrated by at least one reading. These readings serve not only as examples of the chapter's genre but also as models of good writing and as the basis for discussion in small groups. All readings are authentic selections chosen from literary works, magazines, and newspapers from the francophone world. The wide variety of readings in this textbook provides the student with many opportunities to read, write, and talk about significant topics in preparation for advanced courses in literature and culture.

WRITING ACTIVITIES

Writing activities in *Liens: Par écrit* are designed to engage students **actively** in developing the skills that will allow them to communicate insightfully about the world around them. Activities within each chapter are sequenced in logical progression from moderately difficult to much more challenging, the final product being a substantive composition that represents the genre and language functions presented in the chapter.

To maximize flexibility, instructors may reorder the presentation of genres because no attempt has been made to create an artificial ranking of each genre. For each example of a given genre, students participate in writing activities that have been organized into seven main sections that guide students through prewriting, brainstorming, reading, sentence-level discourse exercises, composing, peer review, revision and editing.

PORTFOLIOS

Students are asked to keep a notebook of all exercises that build toward their final personal piece of writing. This portfolio of personal writing then becomes both a guide toward completing their work and a record of all work accomplished. Furthermore, it provides concrete evidence of an individual's growth and progress over time.

The organization of the text is as follows:

PREPARATION: Prewriting activities

These individual writing tasks precede each reading. They are designed to build familiarity with the genre, practice diverse prewriting strategies of effective writers, and preview the context and structure of the reading.

TRAVAIL DE GROUPE: Prewriting activities

This section encourages paired or small-group activities in brainstorming, vocabulary building, and experimentation with writing in preparation both for the subsequent reading and for students' personal final composition. The emphasis of the activities is still on focusing students' attention on generating and developing ideas before turning their cognitive resources to problems of organization. This guidance encourages students to give appropriate time and energy to unfettered invention and thoughtfulness about the content of each final written piece.

LECTURE: The reading, accompanied by focused strategies

This section completes the students' preparation for reading by providing information about the author and the work, followed by the reading itself and appropriate glosses of some of the unfamiliar vocabulary. The follow-up questions direct students' attention to key writing features such as setting, tone, voice, and concern for audience, as well as basic comprehension.

VERS UN STYLE A VOUS: Sentence-level discourse

Students will find in this section brief reviews of particularly challenging points of grammar as well as activities on writing features such as character development, setting, tone, voice, and audience. In this section students will have an opportunity to deal with sentence-level writing issues such as punctuating dialogue or avoiding the passive voice.

REDACTION: Individual writing activities

These progressively more complex writing activities are designed to guide students toward a substantial final composition reflecting the chapter genre. This section addresses matters of organization, such as preparing an outline, crafting an appealing introduction, writing the first draft, and revising.

COMMUNICATION: Peer review

A significant component of *Liens: Par écrit* is its emphasis on peer review as an effective strategy for writing well and as an example of the vital and dynamic communication inherent in the art of writing. Through this very challenging interaction, students will develop an acute awareness of audience even as they turn inward in search of their own unique voices.

In some situations, students will be asked to read their papers aloud in pairs or small groups and to take notes on feedback they receive from members of their group. On other occasions, they will exchange drafts and write comments directly on a fellow student's paper. Each chapter will provide step-by-step directions for completing this key element of the writing process.

Peer evaluation not only provides a highly motivational reason for writing and a model against which student writers may judge their own work, it also is an absolute necessity if they are to write often enough. The volumes of papers produced by weekly writing cannot be handled by an unaided instructor.

This section of the text gives structure to the peer review process, usually in the form of questionnaires and guided questions that provide students with practical suggestions on how to analyze each other's work. The questions guide students to respond to *what* the text says as well as *how* it says it.

REVISION: Incorporating suggestions

Students are helped in this section to incorporate their peers' and/or their instructors' suggestions. At this stage student writers should have at least one other perspective on their work. Additional guiding questions here help students reflect on the suggestions that they received and evaluate the usefulness of the advice. The final responsibility for the product is still theirs. Responding to the *Révision* questions will force students to focus on the feedback that they received while maintaining personal control over the final product.

AUTO-CORRECTION: Perfecting the final product

Final editing occurs during this section. After content changes have been made, students can strive to have the "cleanest" copy possible. Checklists, guided questions and suggestions all give students ideas of where and how to look for common errors and problems. The goal is to have a final product that is an object of pride and personal satisfaction rather than frustration.

SYNTHESE: Understanding the genre

Some genres are summarized in a wrap-up of key elements. Instructors may encourage students to provide such a wrap-up for the remaining genres.

ACKNOWLEDGMENTS

The author would like to thank the following people at Heinle & Heinle who were so helpful and supportive of this project: Charles H. Heinle, Stanley Galek, Amy Jamison, Barbara Browne and Pat Ménard. Special thanks to Petra Hausberger who served in multiple capacities on the project. Thanks also to Jackie Rebisz, the copyeditor; Nicole Fronteau and Florence Boisse-Kilgo, the native readers; Valerie Spain, the artist; and Sarah Zobel, the proofreader.

Special thanks are owed to numerous students whose reactions and help were greatly appreciated: Nora Kaous, Benoît Lhégu, Véronique Raoul, Michele Micciche, and Linda Rogers. Also, special thanks are owed to the professional friends who gave generously of their advice and help: Madame Barin and Véronique Guibert (for assistance with Chapter 9), Kenneth H. Rogers, and Joseph G. Morello.

I would like to thank the reviewers of the manuscript of *Liens: Par écrit* who gave many valuable suggestions.

REVIEWERS

George Wolf   University of New Orleans
Don Leach   University of Southern Mississippi
D.H. Morris   Auburn University
Jean Nicholas   Michigan State University
Virginia Scott   Vanderbilt University
Barbara Gillette   University of Delaware

TEXT CREDITS

Chapitre 1: P. 4: André Pieyre de Mandiargues, *Porte dévergondée* (Paris: Gallimard, 1965). Pp. 6–7: René Goscinny et Albert Uderzo, *Astérix et les Goths* (Neuilly-sur-Seine: Dargaut, 1963). **Chapitre 2:** Pp. 18–19: Christiane Rochefort, *Les Petits Enfants du siècle* (Paris: Grasset et Fasquelle, 1961). P. 20: Marcel Pagnol, *Le Château de ma mère* (Monte Carlo: Editions Pastrorelly, 1958). **Chapitre 3:** Pp. 30–33: E.V. Dufour, *Contes et Légendes de Tahiti et des Mers du Sud* (Paris: Fernand Nathan, 1966). Pp. 34–35: Mme Leprince de Beaumont, *Contes de fées* (Paris: Imprimerie D. Dumoulin, 1905). P. 37: François Truffaut, *L'Argent de Poche* (Paris: Flammarion, 1976). P. 38: E.V. Dufour, *Contes et Légendes de Tahiti et des Mers du Sud* (Paris: Editions Fernand Nathan, 1966). **Chapitre 4:** Pp. 52–53: *Le Monde* (8 janvier 1993). **Chapitre 5:** Pp. 61: Geneviève Clerc, 50 *Modèles de Résumes de Texte*, (Alleur, Belgique: Marabout, 1992). Pp. 61: Alain Pagès et Joëlle Pagès-Pindon, *Le Français au Lycée* (Paris: Nathan Technique, 1989). Pp. 64–65: Roland Jaccard, *L'Exil intérieur* (Paris: Presses Universitaires de France, 1979). Pp. 67–68: Michel Platini, *Ma Vie comme un match* (Paris: Editions Robert Laffont, 1987). **Chapitre 6:** Pp. 78–79: *France-Amérique* (26 octobre–1 novembre 1991). Pp. 79–80: Gilbert Salachas, *Phosphore* (avril 1993). Pp. 81–82: *Cahiers du Cinéma* (vol. 442, avril 1991, p.74). P. 82: *Phosphore* (avril 1993, p.7). P. 83: *Avantages* (avril 1993, p. 16). P. 84: *20 Ans* (avril 1993, p. 26). Pp. 87–88: Luc Vincent, *20 Ans* (avril 1993, p. 108–109). **Chapitre 7:** Pp. 96–97: Mamby Sidibé, *Contes Populaires du Mali* (Paris: Présence Africaine, 1982). Pp. 100–101: Guy de Maupassant, *Œuvres complètes de Guy de Maupassant* vol. 9 (Paris: Editions Louis Conrad, 1924). Pp. 103–106: Marie Cardinal, *La Clé sur la porte* (Paris: Editions Grasset et Fasquelle, 1972). Pp. 108–109: Marie Cardinal, *The Words to Say It* (Cambridge, MA: VanVactor & Goodheart, Inc.). Pp. 111–112: Marie Cardinal, *Les Mots pour le dire* (Paris: Editions Grasset et Fasquelle, 1975).

REALIA CREDITS

Chapitre 1: P. 6: René Goscinny et Albert Uderzo, *Astérix et les Goths* (Neuilly-sur-Seine: Dargaut,1963). **Chapitre 2:** P. 16: *Le Nouvel Observateur* (11–17 mars 1993, pp. 144–145). **Chapitre 3:** P. 43: *The St. Martin's Guide to Writing* (New York: St. Martin's Press, 1991). **Chapitre 5:** P. 71: *Sempé cartoon*, Christiane Charillon, Dessinateurs Humoristes. P. 72: Paul Rouaix, *Dictionnaire manuel des idées suggérées par les mots* (Paris: Librairie Armand Colin, p. 189). **Chapitre 6:** P. 90: *Cinéscope* (Paris: Maurice Tinchant,1993). **Chapitre 10:** P. 152: *publicité pour les diamants*, J. Walter Thomson and ZEFA. P. 153: *Campagne de sensibilisation au drame des enfants maltraités*, Eurocom France. P. 153: *annonce Cidil Fromage*, Agence Alice. P. 153: *annonce Skyrock*, DDZ Communication. P. 153: *annonce Air Martinique*, Agence Tennessee. P. 154: *annonce Peugeot 405*, Automobiles Peugeot. P. 155: *annonce Elf*, Agence Keystone. P. 156: *Défi 93*, Emploi et Immigration Canada. P. 157: *annonce JIL*, Groupe Devanlay. P. 158: *annonce Boeuf*, Beef Information Centre. P. 159: *annonce Copacel*, Fotogram Stone International. P. 160: *annonce Peugeot 309 Graffic*, Automobiles Peugeot.

P. 162: *Impact* (vol. 44, 1993). P. 162: *Marie Claire* (février 1993). P. 163: *Modes et Travaux* (février 1993). P. 163: *Notre Temps* (février 1993). P. 163: *Le Point* (no. 1062, janvier 1993). P. 163: *GEO* (no. 167, janvier 1993). P. 165: *L'Express* (no. 2189, 24 juin 1993). P. 164: *L'Equipe* (no. 530, 7 mars 1992). P. 164: *Le Nouvel Observateur* (no. 1479, 11–17 mars 1993). P. 164: *Châtelaine* (vol. 28, no. 4, avril 1987). P. 164: *Prima* (no. 125, février 1993). P. 169: *Télé-Loisirs* (no. 276, 10–16 juin 1993).

PHOTO CREDITS

CHAPITRE 1

EVOQUER LES PERSONNES: LE PORTRAIT

Pourriez-vous décrire leurs traits particuliers?
Révéler leurs qualités importantes?

INTRODUCTION

On a souvent l'occasion d'écrire sur une personne qu'on connaît. Le journaliste écrit sur un politicien, le poète sur l'objet de son amour, le sociologue sur le chef d'une tribu, le scientifique sur un malade particulier, l'avocat sur une victime. Quelle que soit la forme du portrait, on écrit souvent sur la physionomie de la personne, sur ses traits particuliers ou de sa façon de parler ou de penser.

Dans ce chapitre vous allez explorer les éléments des portraits qui ont un impact sur le lecteur. Ces portraits interprètent leurs sujets et ils révèlent l'attitude de l'écrivain et son point de vue.

LE DOSSIER (PORTFOLIO)

Choisissez un cahier que vous pouvez consacrer uniquement à vos écrits en français. Au cours de l'étude de ce livre, vous allez maintenir ce cahier comme un dossier de tous les exercices-clés qui vous guideront vers chaque composition finale. De plus, ce cahier préservera les preuves concrètes de votre progrès.

Les exercices signalés par ✍ sont les exercices à inclure dans votre dossier. A la fin de ce chapitre, le dossier montrera les étages du développement du portrait. Les différentes parties du chapitre vont progressivement constituer les étapes nécessaires à un portrait.

A. Choisissez deux ou trois personnages *très connus* et préparez la fiche suivante pour chacun d'eux.

SON ASPECT PHYSIQUE

- Son allure générale et sa démarche
- Les traits caractéristiques de son visage
- Ses vêtements
- D'autres éléments caractéristiques

SON CARACTERE

- Les principaux traits de caractère (Comment les connaissez-vous? D'après son aspect physique? D'après ses paroles? D'après ses gestes, ses actes, ses habitudes?)

B. Les portraits sont intéressants pour les lecteurs si l'auteur permet aux lecteurs de découvrir eux-mêmes les qualités importantes de la personne à travers des détails précis. Par exemple, Flaubert veut dire qu'une vieille servante est passive et qu'elle accepte sa pauvreté. Mais il ne *dit* pas qu'elle accepte sa pauvreté. Il nous *montre* la vieille servante. Il écrit: «[Ses mains] restaient entrouvertes, comme pour présenter d'elles-mêmes l'humble témoignage de tant de souffrances subies.... Dans la fréquentation des animaux, elle avait pris leur mutisme et leur placidité.»

Changez les phrases suivantes qui **disent** une vérité en un petit détail qui **montre** la même vérité. Ecrivez un court paragraphe.

1. Ce professeur est ennuyeux. (Il faut éviter le mot **ennuyeux**. Il faut **montrer** sans expliquer. Permettez à votre lecteur de découvrir la vérité lui-même.)

2. Mon université est/n'est pas moderne.

3. J'étais confus(e).

4. Mes amis étaient furieux.

5. Le film nous a choqué(e)s.

6. Ses parents ne l'aiment pas.

Comment commencer son portrait? Décrire son allure générale? Ses pensées? Sa démarche?

A. Décrivez, sans révéler leurs noms, vos personnages du premier exercice aux membres de votre groupe, qui doivent deviner l'identité de vos personnages.

A décider: Quels détails ont le plus aidé à identifier le personnage? Quel choix de détails préférez-vous? Pourquoi?

B. Avec votre groupe, choisissez un ou deux types de personnalité (pas un individu précis, mais un stéréotype) et écrivez un portrait (au tableau) de ce type: l'avare, l'hypocrite, le saint, le paresseux, le juge, etc.

A décider: Quelles images sont à la fois typiques du stéréotype mais originales? Quelles images préférez-vous? Pourquoi? Le portrait est-il clair? Commentez le choix de vocabulaire et la structure des phrases.

A. Vous allez lire un extrait du «Fils de rat» par l'auteur surréaliste André Pieyre de Mandiargues, un des contes fantastiques dans son livre, *Porte dévergondée*. L'histoire se passe dans un petit restaurant à Venise où deux touristes remarquent l'arrivée d'un personnage à l'allure très bizarre et l'invitent à leur table. Un des touristes raconte leur rencontre.

- Avant de lire, considérez le titre et créez une image du personnage central. Imaginez que vous êtes un touriste dans ce restaurant à Venise aussi. Comment imaginez-vous un «fils de rat»?

- En lisant, cherchez des exemples des outils suivants d'un auteur de portrait: les comparaisons, les détails précis, le vocabulaire original.

Le Fils de rat

Ses cheveux, d'un gris tirant sur le jaune comme celui de l'herbe morte en hiver, étaient proprement[1] incultes [2] et, sans trace d'avoir été coupés dans un passé quelconque[3], ils n'étaient pas très épais ni démesurément longs. Sa barbe et sa moustache, ou plutôt les poils[4] de son visage, étaient de la même nature usée[5], avec moins de vigueur encore. Attablé comme il se trouvait, il remuait[6] peu le visage, ce qui faisait remarquer la mobilité de ses petits yeux roux, qui couraient perpétuellement sans s'arrêter nulle part et sans jamais se laisser saisir. Son cou était maigre, avec des rides[7] soulignées[8] par la crasse[9]. Le col de sa veste, si vieille que le tissu en était devenu problématique, était relevé, cachant[10] la chemise ou l'absence de chemise.

Elle me fit signe de prendre un verre vide qui traînait[11] sur la table et, quand j'eus obéi, elle le posa devant lui et versa[12] du vin. Puis, usant d'un charme dont il n'avait pas dû avoir souvent l'expérience (pensai-je), elle lui parla.

—Fils de rat? dit-elle. Pourquoi donc te donnent-ils ce nom-là? Tu as pourtant l'apparence humaine.

Extrait de *Porte dévergondée*, par André Pieyre de Mandiargues (Paris: Gallimard, 1965)

---

1 *absolutely, cleanly, neatly*   2 en désordre   3 n'importe quel passé, c'est-à-dire, pas du tout récemment   4 les cheveux du corps humain ou d'un animal
5 détériorée   6 changeait de place   7 *wrinkles*   8 *emphasized*   9 *(body) dirt*
10 *hiding*   11 *was left over*   12 *poured*

↑ passé
anterieur
had obliged

QUESTIONS A CONSIDERER

Les comparaisons

1. L'auteur ne **dit** pas «ce personnage ressemble à un rat.» Comment est-ce qu'il permet aux lecteurs de découvrir cette ressemblance? Citez trois allusions qu'il fait aux rats en décrivant cet homme.

2. En général le personnage est comparé à un rat. Mais il y a d'autres comparaisons dans le portrait. Trouvez-les.

Les détails précis

3. L'auteur utilise beaucoup d'autres détails précis pour créer une image du personnage pour ses lecteurs. Il ne dit pas «il a les yeux comme un rat.» Il offre un détail précis et attend que le lecteur découvre cette vérité. Quels sont les détails qu'il offre pour décrire la couleur des cheveux? Pour décrire les yeux?

4. Après les détails précis décrivant les cheveux et les yeux, quels autres détails nous offre l'auteur? Quelles conclusions sur le personnage tirez-vous de ces détails?

Un portrait évoque un personnage par un choix de vocabulaire qui est nouveau, qui surprend. L'auteur cherche à montrer en quoi cette personne est différente de toute autre personne.

Le vocabulaire original

5. Quel est le double sens dans l'expression «Ses cheveux étaient proprement incultes»?

6. Normalement ce sont des objets comme des chaussures qui sont «usés.» Qu'est-ce qui est «usé» ici?

7. En général on remue la tête ou le bras. Qu'est-ce que le fils de rat remue?

8. Trouvez d'autres exemples d'un choix de vocabulaire original.

B. Maintenant vous allez lire un extrait d'une série de bandes dessinées de René Goscinny et Albert Uderzo.

- Avant de lire, examinez les illustrations. Faites une liste de vocabulaire à utiliser pour décrire chacun des personnages.

- En lisant, notez comment l'auteur d'un portrait peut jouer avec les mots et les noms pour amuser ses lecteurs.

ASTÉRIX

QUELQUES GAULOIS...

Astérix, le héros de ces aventures. Petit guerrier à l'esprit malin, à l'intelligence vive, toutes les missions périlleuses lui sont confiées sans hésitation. Astérix tire sa force surhumaine de la potion magique du druide Panoramix...

Obélix, est l'inséparable ami d'Astérix. Livreur de menhirs de son état, grand amateur de sangliers, Obélix est toujours prêt à tout abandonner pour suivre Astérix dans une nouvelle aventure. Pourvu qu'il y ait des sangliers et de belles bagarres.

Abraracourcix, enfin, est le chef de la tribu. Majestueux, courageux, ombrageux, le vieux guerrier est respecté par ses hommes, craint par ses ennemis. Abraracourcix ne craint qu'une chose : c'est que le ciel lui tombe sur la tête, mais comme il le dit lui-même : «C'est pas demain la veille!»

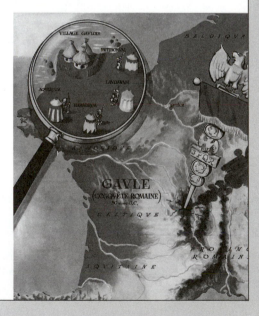

Nous sommes en 50 avant Jésus-Christ. Toute la Gaule est occupée par les Romains... Toute? Non! Un village peuplé d'irréductibles[1] Gaulois résiste encore et toujours à l'envahisseur. Et la vie n'est pas facile pour les garnisons de légionnaires romains des camps retranchés de Babaorum, Aquarium, Laudanum et Petitbonum...

Astérix, le héros de ces aventures. Petit guerrier à l'esprit malin[2], à l'intelligence vive, toutes les missions périlleuses lui sont confiées sans hésitation. Astérix tire sa force surhumaine de la potion magique du druide Panoramix...

Obélix, est l'inséparable ami d'Astérix. Livreur[3] de menhirs[4] de son état[5], grand amateur de sanglier, Obélix est toujours prêt à tout abandonner pour suivre Astérix dans une nouvelle aventure. Pourvu qu'il y ait des sangliers et de belles bagarres[6]...

Abraracourcix, enfin, est le chef de la tribu. Majestueux, courageux, ombrageux[7], le vieux guerrier est respecté par ses hommes, craint[8] par ses ennemis. Abraracourcix ne craint qu'une chose: c'est que le ciel lui tombe sur la tête, mais comme il le dit lui-même: «C'est pas demain la veille![9]»

Extrait de *Astérix et les Goths* par René Goscinny et Albert Uderzo (Neuilly-sur-Seine: Dargaud, 1963)

---

1 *diehards*   2 *cunning*   3 personne qui apporte une marchandise à quelqu'un
4 monument ancien breton   5 sa profession   6 *fights*   7 *touchy*   8 *feared*
9 le jour qui précède un autre jour (la veille de Noël)

QUESTIONS

1. Les trois personnages ont chacun un défaut, ou un point faible. Identifiez ce trait.

   a. Astérix est fort, mais...

   b. Obélix est l'ami inséparable, mais...

   c. Abraracourcix est un chef majestueux, mais...

2. L'auteur joue avec les stéréotypes modernes à travers ces personnages anciens. Comment est-ce qu'il se moque des politiciens modernes à travers Abraracourcix? Comment est-ce que ce personnage fait penser aux politiciens d'aujourd'hui? Comment est-ce que les autres portraits se moquent des types de personne modernes?

VERS UN STYLE A VOUS
LE VISAGE, LES VETEMENTS, LE MILIEU DE VOTRE PORTRAIT

A. *Vers un style plus «coloré»*

Voyez-vous le fils de rat avec «ses cheveux, **d'un gris tirant sur le jaune** comme celui de l'herbe morte en hiver... »? Pour donner aux lecteurs une image détaillée, les auteurs utilisent...

1. les adjectifs comme noms

d'un gris tirant sur le jaune

d'un vert foncé	(*dark green*)
d'un rouge voyant	(*bright red*)
d'un violet pâle	(*pale purple*)
d'un rose tendre	(*soft pink*)
d'un vert clair	(*light green*)
d'un orange radieux	(*brilliant orange*)
d'un châtain foncé	(*dark brown*)
d'un jaune vif	(*cheerful yellow*)

2. les adjectifs transposés

bleu marine	(*navy blue*)
bleu ciel	(*light blue*)
jaune citron	(*lemon yellow*)
vert jade	
vert olive	
vert émeraude	
gris perle	(*pearl gray*)
rouge sang	(*blood red*)
vert jaune	(*lime green*)

3. les noms comme adjectifs

une robe saumon	(*salmon-pink dress*)
les yeux noisette	(*hazel eyes*)
les lèvres pêche	(*peach=colored lips*)

(Remarquez qu'il n'y a pas d'accord avec les noms comme adjectifs.)

EXERCICE 1   Décrivez les éléments suivants d'une manière plus vive et colorée.

un nez rouge   une cravate verte

les yeux gris   un chapeau orange

les cheveux bruns

EXERCICE 2   Utilisez les expressions suivantes dans une phrase descriptive.

Modèle: noisette *Ma camarade de chambre a les yeux noisette.*

saumon   rouge vif

pêche   bleu marine

vert olive   d'un jaune radieux

d'un bleu tendre   d'un bleu tirant sur le vert

EXERCICE 3   Décrivez les couleurs des habits d'un(e) ami(e) ou d'un(e) camarade de classe.

B. Vers un style plus détaillé

Voyez-vous les petits yeux roux du fils de rat «**qui couraient perpétuellement** sans s'arrêter nulle part»? Les auteurs offrent de petits détails pour révéler des aspects importants sur leur sujet.

On n'a pas toujours besoin d'un adjectif pour décrire quelque chose. Souvent en français on choisit une proposition relative.

les yeux qui couraient perpétuellement sans s'arrêter

un geste qui hésitait (*hesitant gesture*)

la réponse qui nous laisse perplexes (*perplexing answer*)

la voix qui tremblote (*quavering voice*)

la voix qui résonnait (*booming voice*)

la suggestion qui séduit (*appealing suggestion*)

les mains qui tremblaient (*trembling hands*)

l'enfant qui sanglotait (*sobbing child*)

l'autobus qui attendait (*waiting bus*)

EXERCICE 1   Ajoutez une proposition relative aux descriptions suivantes.

1. Mon père parle d'une voix claire...

2. Avec un petit geste... il prenait l'argent de sa poche.

3. Son employeur... n'accepte pas du mauvais travail.

4. Ce petit garçon aux yeux verts... a déjà passé deux heures tout seul sur ce banc public.

ne pas faire

EXERCICE 2   Apportez en classe une reproduction d'un tableau français qui est un portrait (vous en trouverez sans doute à la bibliothèque). Décrivez les détails du portrait à la classe. N'oubliez pas les comparaisons, les couleurs et les détails physiques.

REDACTION

Choisir une personne à décrire

A. Faites une liste des personnes qui vous sont importantes et sur qui vous pouvez écrire. Choisissez la personne de la liste qui vous intéresse le plus.

B. Refaites la fiche à la page 2 pour la personne de votre choix. Faites une liste des détails pour chaque catégorie de la fiche. Pour «d'autres éléments caractéristiques», considérez des conversations ou des anecdotes avec cette personne.

C. Révisez votre fiche. Quels éléments sont les plus importants pour décrire cette personne? Pourquoi? Choisissez vos idées centrales. Comment pouvez-vous les **montrer** à vos lecteurs? Pourquoi est-ce que cette personne est intéressante? Comment est-ce que vous pouvez permettre à vos lecteurs de découvrir cette importance?

D. Considérez...

- **Le début:** Comment attirer l'attention de vos lecteurs? Avec l'humour comme Goscinny? Avec le bizarre comme Mandiargues?

- **Les comparaisons:** Pouvez-vous comparer la personne de votre choix à quelqu'un ou à quelque chose?

- **Les détails précis:** Pour aider les lecteurs à comprendre cette personne, quels petits détails sélectionnez-vous pour montrer son importance?

- **Le vocabulaire original:** N'hésitez pas à offrir une image originale de cette personne. Vous pouvez jouer avec les mots comme les auteurs professionnels pour offrir une image plus frappante.

- **La fin:** Voulez-vous résumer les images du portrait? Offrir une nouvelle idée? Expliquer? Révéler l'identité de la personne?

- **Le ton:** Drôle? Sérieux? Triste? Poétique? Télégraphique?

E. Ecrivez la séquence des images que vous avez choisies. Ecrivez comment vous comptez finir le portrait.

F. Ecrivez votre premier portrait de la personne de votre choix. Si les images sont moins intéressantes que vous ne le vouliez, peut-être faut-il choisir une autre personne de votre liste et recommencer.

COMMUNICATION

A. Echangez votre portrait avec celui d'un(e) partenaire.

B. Lisez le portrait de votre partenaire.

C. Première réaction

1. <u>Soulignez</u> les images vives et les détails mémorables.

2. <u>Soulignez</u> deux fois les images vagues ou peu claires et tous les mots qui sont des répétitions.

3. Mettez des parenthèses autour des phrases ou des expressions que vous ne comprenez pas. Même si vous pensez que c'est votre faute, l'auteur va vouloir savoir quelles phrases sont difficiles.

D. Utilisez le questionnaire suivant pour critiquer le portrait écrit par votre partenaire.

LE PORTRAIT

Remarquez que les détails précis ne sont pas choisis au hasard. Ensemble, ils offrent un portrait uni d'un personnage.

Répondez aux questions suivantes. Indiquez les points suivants: 0 = non, 2 = oui, 1 = pour la plupart

POINTS

1. Est-ce que l'auteur permet aux lecteurs de «découvrir» des traits du sujet? _____

2. Est-ce que le vocabulaire est varié et riche? _____

3. Est-ce que le choix de détails est original? _____

4. Est-ce que l'auteur utilise des comparaisons? des métaphores? _____

5. Est-ce que chaque paragraphe est uni? _____

6. Est-ce que vous pouvez formez une image vraiment visuelle de la personne après avoir lu le texte? _____

7. Est-ce que la grammaire et la syntaxe sont correctes? (Accord en genre/nombre? Temps des verbes? Orthographe?) _____

- DONNEZ DES EXEMPLES PRÉCIS:

    Choix de détails:

    Comparaisons / métaphores

- COMMENTAIRE GÉNÉRAL:

A. Relisez votre portrait avec le questionnaire fait pour vous par votre parte-naire. Est-ce qu'il y a des images ou des détails qu'il/elle aime que vous pouvez développer?

B. Révisez **Vers un style à vous**. Est-ce qu'il y a des idées que vous pouvez utiliser pour améliorer les phrases <u>soulignées deux fois</u>?

Après les changements, est-ce que les paragraphes sont encore bien unis?

Finalement, relisez votre portrait mot par mot. Regardez l'orthographe, les accords (noms et adjectifs; sujets et verbes) et les temps verbaux. Est-ce que les phrases sont trop courtes? Pouvez-vous relier deux phrases? Avez-vous la ponc-tuation qu'il faut pour chaque phrase?

CHAPITRE 2

LA DESCRIPTION D'UN LIEU: EVOQUER UN LIEU

INTRODUCTION

Les exercices signalés par le [icon] sont les exercices à inclure dans votre dossier. A la fin du chapitre, le dossier montrera les étapes du développement de votre description. Les différentes parties du chapitre constituent les étapes nécessaires pour décrire un lieu.

Comment garder vivant le souvenir d'un lieu aimé?

Il y a plusieurs façons de décrire un lieu. Les descriptions d'un lieu sont les «cousins» des portraits. Différents styles sont possibles: description technique qui informe les lecteurs, ou description impressionniste qui évoque des réactions chez les lecteurs.

On trouve, par exemple, des descriptions techniques dans les guides touristiques, les plans d'architecte, les annonces immobilières.

On trouve les descriptions impressionnistes dans les contes,* les récits, les romans, les lettres personnelles.

Dans ce chapitre vous vous concentrerez sur une description qui fera partager à vos lecteurs vos réactions à un lieu.

* *tale*

AGENCE LARGIER
32, bd Malesherbes, 75008 Paris
Tél. : (1) 42-65-18-83 - Fax : 42-65-02-97

BOULOGNE
résidentiel
proximité bois,
dans une
voie privée.
**BEL HOTEL
PARTICULIER**
d'une surface
d'environ 330 m².
Grande réception.
6 chambres.
Appartement
de service
avec entrée
indépendante.
Garage. Bon état.
Jardin 130 m².
Bel environnement.
Réf. 29803

**Description technique dans une
annonce immobilière**

PREPARATION

Chez vous, faites une liste de dix endroits que vous pourriez décrire à des lecteurs français: (a) un lieu en France que vous connaissez et dont vous voudriez discuter avec eux ou (b) un endroit plus près de chez vous qui vous est familier et que vous voudriez faire connaître à un ami français, ou (c) tout simplement un lieu pas loin de votre maison que vous avez envie de découvrir d'un peu plus près.

Par exemple: un club de gym, un salon de bronzage, une clinique spécialisée dans l'amincissement[1], un centre de thalassothérapie[2], un hôpital, une résidence universitaire, une association d'étudiants, un musée, un night-club, une cour de justice, un magasin d'antiquités, un cinéma, la ville de New York, l'Empire State Building, la ville de Paris, le Moulin Rouge, les châteaux de la Loire, la tour Eiffel peuvent faire partie de votre liste...

TRAVAIL DE GROUPE

A. Avec deux ou trois autres étudiants, lisez les listes. Demandez-leur quel endroit de votre liste leur paraît le plus intéressant. Dans votre dossier, écrivez les questions qu'ils vous posent à propos de cet endroit.

Votre endroit le plus intéressant: _____

Questions posées sur cet endroit: _____

_____

_____

→ B. Répondez.

1. Avez-vous été étonné(e) par le choix des membres de votre groupe sur l'endroit de votre liste? Pourquoi?

_____

1 *diet clinic*   2 *therapy with sea water and mud*

2. Est-ce que leurs questions sur cet endroit vous ont paru inattendues? Expliquez.

3. Dans quelle mesure ces questions vont-elles influencer votre manière de décrire le lieu qu'ils ont choisi? (Comment pouvez-vous répondre à leurs questions?)

LECTURE

Voici deux exemples, tirés de la littérature française, d'une description d'un lieu. Cherchez comment chaque auteur a évoqué le lieu, puis répondez aux questions.

———

Les Petits Enfants du siècle est un roman sur l'urbanisme moderne et la déshumanisation que l'auteur connaît bien. Rochefort raconte la vie de Josyane, fille aînée de la famille Rouvier, locataire d'un des H.L.M. près de Paris à Sarcelles.

———

La ville de Sarcelles donne un bon exemple des effets de la vie dans les H.L.M., ou «cages à lapins»: une perfection et une stérilité géométrique de cubes de béton qui se répètent ad infinitum. L'adolescente, Josyane, devient une victime. Au début de l'histoire, elle veut trouver de la tendresse. Mais elle finit par devenir enceinte, aspirant, comme ses parents, à un petit appartement à Sarcelles.

———

béton- cement

- Quand vous écoutez un message sur un répondeur[3], comment savez-vous que la personne est jeune ou vieille, riche ou pauvre, sophistiquée ou simple?

- D'après le son de la voix? le ton de la voix? le vocabulaire employé? d'autres indications?

- Et quand le message est écrit? Comment découvrez-vous la personnalité de l'auteur?

- Regardez la ville de Sarcelles avec Josyane en lisant sa description. Pouvez-vous voir Sarcelles comme elle la voit? Pouvez-vous la voir différemment?

C'est Josyane qui parle...

CHRISTIANE ROCHEFORT
La Cité[4] de l'Avenir

On arrive à Sarcelles par un pont, et tout à coup, un peu d'en haut, on voit tout. Oh là! Et je croyais que j'habitais dans des blocs[5]! Ça c'était de la Cité, de la vraie Cité de l'Avenir[6]! Sur des kilomètres et des kilomètres, des maisons des maisons des maisons. Pareilles. Alignées. Blanches. Encore des maisons. Maisons maisons maisons maisons maisons maisons maisons maisons maisons. Maisons. Maisons. Et du ciel; une immensité. Du soleil. Du soleil plein les maisons, passant à travers, ressortant de l'autre côté[7]. Des Espaces Verts énormes, propres, superbes, des tapis, avec sur chacun l'écriteau Respectez et Faites Respecter les Pelouses et les Arbres, qui d'ailleurs ici avait l'air de faire plus d'effet que chez nous, les gens eux-mêmes étant sans doute en progrès comme l'architecture.

Les boutiques étaient toutes mises ensemble, au milieu de chaque rectangle de maisons, de façon que chaque bonne femme ait le même nombre de pas[8] à faire pour aller prendre ses nouilles[9]; il y avait même de la justice. Un peu à part étaient posés des beaux chalets entièrement vitrés[10], on voyait tout l'intérieur en passant. L'un était une bibliothèque, avec des tables et des chaises modernes de toute beauté; on s'asseyait là et tout le monde pouvait vous voir en train de lire; un autre en bois imitant la campagne était marqué: «Maison des Jeunes et de la

4 la ville ou un quartier de la ville, comme la cité universitaire ou la cité ouvrière   5 *projects (low income housing)* (des H.L.M.)   6 *the future*   7 Un adulte dirait peut-être: «Le soleil passe à travers [les fenêtres des maisons] et il ressort de l'autre côté des maisons.»   8 *steps*   9 *noodles*   10 *made of glass*

3 *answering machine*

> Culture»; les Jeunes étaient dedans, garçons et filles, on pouvait les voir rire et s'amuser, au grand jour.
>
>   Ici, on ne pouvait pas faire le mal...
>
> **Extrait de *Les Petits enfants du siècle*
> par Christiane Rochefort (Paris: Grasset et Fasquelle, 1961)**

QUESTIONS A CONSIDERER

1. Comment est-ce que Josyane parle? Comme un professeur? Est-ce que ses phrases sont toujours «correctes»?

2. Comment peut-on voir que Josyane voit sa cité comme une sorte de jeu de construction pour enfant (au moins deux exemples)?

3. Josyane compare le ciel à un élément abstrait. Lequel?

4. Très bizarrement, «les gens eux-mêmes», c'est-à-dire les piétons, sont comparés à une forme d'art. Laquelle?

5. Après avoir décrit les Espaces Verts par une suite d'apposition* d'adjectifs, «énormes, propres, superbes», Josyane les rend encore plus accueillants et doux par un mot précis. Lequel? Quelle figure de style utilise-t-elle ici?

6. Comment savez-vous que Josyane est frappée par le **nombre** de maisons devant elle?

7. Qu'y a-t-il de comique ou d'ironique quand Josyane dit: «Du soleil plein les maisons, passant à travers, ressortant de l'autre côté»?

8. Josyane est ironique quand elle nous décrit les attitudes des piétons qui ne respectent pas les pelouses (lignes 8-12); en particulier, elle reconnaît que certains habitants ne respectent pas la nature et les parcs. Comment critique-t-elle, ironique, l'attitude de certains passants?

9. Que peut-il y avoir de comique dans «il y avait même de la justice»?

10. Combien d'adjectifs sont utilisés pour qualifier les maisons? Qu'est-ce que ce nombre important d'adjectifs nous suggère sur l'état d'esprit de Josyane?

11. Décrivez Josyane. Pourquoi l'imaginez-vous de cette façon?

12. Trouvez un exemple de chacune des trois figures de style suivantes.

    a. la métaphore   b. la comparaison   c. l'ironie

La métaphore transfère les éléments d'un mot directement à un autre mot. Elle n'emploie jamais *comme.* Par exemple: «Sa maison est un palais.» «La lumière de son esprit est brillante.»

La comparaison établit les ressemblances ou les différences entre des choses ou des personnes. Elle emploie souvent le mot *comme.* Par exemple: «Sa maison est comme un palais.»

L'ironie fait penser au contraire des mots employés.

———————————

*l'apposition – groupe de mots placé à côté d'un nom et qui le précise, par exemple, «Paris, capitale de la France»

Le roman *Le Château de ma mère* est un livre autobiographique sur l'enfance de l'auteur. Le petit Marcel Pagnol passe ses grandes vacances en montagne avec sa famille qu'il adore. Pendant un été idyllique, il joue avec son frère et ses amis en plein air. Selon le jeune garçon il n'y a pas d'autre endroit au monde aussi parfait.

MARCEL PAGNOL

Souvenirs d'enfance: Le Château de ma mère
LA PROVENCE

Dans les pays du centre et du nord de la France, dès les premiers jours de septembre, une petite brise un peu trop fraîche va soudain cueillir au passage une jolie feuille d'un jaune éclatant qui tourne et glisse et virevolte, aussi gracieuse qu'un oiseau... Elle précède de bien peu la démission de la forêt, qui devient rousse, puis maigre et noire, car toutes les feuilles se sont envolées à la suite des hirondelles[11], quand l'automne a sonné dans sa trompette d'or.

Mais dans mon pays de Provence, la pinède[12] et l'oliveraie[13] ne jaunissent que pour mourir, et les premières pluies de septembre, qui lavent à neuf le vert des ramures[14], ressuscitent le mois d'avril. Sur les plateaux de la garrigue[15], le thym, le romarin, le cade[16] et le kermès[17] gardent leurs feuilles éternelles autour de l'aspic[18] toujours bleu, et c'est en silence au fond des vallons, que l'automne furtif se glisse: il profite d'une pluie nocturne pour jaunir la petite vigne, ou quatre pêchers que l'on croit malades, et pour mieux cacher sa venue il fait rougir les naïves arbouses[19] qui l'ont toujours pris pour le printemps.

C'est ainsi que les jours des vacances toujours semblables à eux-mêmes, ne faisaient pas avancer le temps, et l'été déjà mort n'avait pas une ride.

Je regardai autour de moi, sans rien comprendre.

«Qui t'a dit que c'est l'automne?»

—Dans quatre jours, c'est saint Michel, et les sayres[20] vont arriver. Ce n'est pas encore le grand passage—parce que, le grand passage, c'est la semaine prochaine, au mois d'octobre...»

Le dernier mot me serra le cœur. Octobre! LA RENTREE DES CLASSES!

Extrait de *Le Château de ma mère* par Marcel Pagnol (Monte Carlo: Editions Pastorelly, 1958)

---

11 *swallows*   12 *pine forest*   13 *olive grove*   14 *foliage*   15 *scrubland*   16 *juniper*
17 *kermes oak tree*   18 *lavender*   19 *arbutus berry*   20 sorte d'oiseau

QUESTIONS A CONSIDERER

personnifier = attribuer à une chose inanimée ou à un être abstrait la figure, les sentiments, le langage d'une personne. Par exemple: «Elle précède de bien peu la démission de la forêt.» (Une forêt n'a pas la capacité de résigner ses fonctions.)

1. Trouvez cinq exemples de personnification dans *La Provence*. Quelles sont les images les plus évocatrices pour vous? Pourquoi?

2. Trouvez d'autres exemples d'images qui ressemblent aux portraits du premier chapitre.

3. Quel est l'état d'esprit du narrateur et comment le savez-vous?

4. Marcel Pagnol ne dit jamais qu'il aime sa maison de campagne, mais le lecteur le sait quand même. Quels sont les détails qui révèlent l'opinion personnelle de l'auteur?

VERS UN STYLE A VOUS

A. Les participes passés sont quelquefois des verbes, quelquefois des adjectifs, qui évoquent des réactions des lecteurs dans les descriptions. Quelle réaction les participes passés suivants évoquent-ils?

	les images	les sons *sounds*	les odeurs *smells*	le goût *tastes*	le toucher *touche*
Un peu à part étaient **posés** des beaux chalets	*steady* maisons				
des beaux chalets **vitrés** *glass*	transparante				
un était **marqué** «Maison des Jeunes et de la Culture»	les livres étudier	les gens parlent			
les feuilles se sont **envolées**	plier	crépiter (crackle)	la terre .		
l'automne a **sonné**	le ciel orange	le vent	un feu		
le pain **brûlé**				fumé	rêche et noir
le cheval **tombé**		sourd			
l'obscurité **grandie**	le ciel ouvert				infini

le blé **doré**[21]	le cheveux / le petit prince		du pain		douce
la table **fleurie**	les fleurs		doux		
la vie **ralentie** (slowed)					
l'eau a **brillé**	océan				mouillé
le champ **entouré** d'arbres (field surround)	espace ouvert				
la pièce **par-fumée** de tabac	un bar	les rires	fumé		
le tapis a **étouffé** ses pas	un espace plat		l'herbe		épineux
le métal **bruni** (tan)					froid
la route **coupée**	les courbes				
le château a **dominé** la ville	grand maison				
le village **endormi**	les rêves	silence			petit
le château a **éclipsé** la ville	plus éloigné				
les fleurs **fanées** (withered)	triste				molle (limp)
une teinte **effacée** (faded compl.)	pâle et malade				
sa chambre **ordonnée** (tidy)	domestique				propre
la musique a **résonné**	un lieu vide	écho			
le ciel **lavé**	clair	calm			
un appartement **rafraîchi** (cool)	le vent frais				

B. Faites des comparaisons entre la cité de Sarcelles de Rochefort et la cam-pagne provençale de Pagnol indiquant les *similarités* entre ces deux endroits plutôt différents. (Chercher les similarités entre deux choses différentes permet de rendre vos descriptions intéressantes.)

C. Une description n'est jamais exhaustive. Choisissez une des descriptions précédentes. Avec un(e) partenaire, décrivez des aspects de la ville de Sarcelles ou de la campagne provençale que vous pouvez imaginer. Par exemple, Pagnol décrit la pluie de septembre et les plantes mais il ne décrit pas le soleil ou le sol ou le village. Comment imaginez-vous ces autres aspects du paysage? Rochefort ne décrit pas la rue, l'intérieur d'une boutique particulière, une maison partic-ulière, la pelouse, les plantes, ou le climat. Comment imaginez-vous ces autres aspects de Sarcelles?

21 *golden wheat*

	Provence	Sarcelles
Descriptions		
Aspects du paysage		

être est un synonym de se trouver

D. Maintenant, retournez à votre lieu choisi au début du chapitre. Imaginez votre lieu en photo ou dans une vidéo. Utilisez les questions suivantes pour évoquer des détails intéressants.

- **Les images**. Ecrivez ce que vous «voyez»: Quelle heure est-il? Quel temps fait-il? Faites une liste des objets que vous voyez. Décrivez un des objets. Considérez-le sous tous les angles (vu de dessus, de dessous, de face). Utilisez des comparaisons ou des métaphores comme le font Rochefort et Pagnol («les gens... en progrès comme l'architecture», «l'été déjà mort n'avait pas une ride»).

_____

_____

_____

_____

_____ comme _____

- **Les sons.** Qu'est-ce que vous «entendez» en étudiant votre photo imaginaire? Est-ce qu'il y a des voix, des bruits? Là encore, illustrez à l'aide d'une comparaison et d'une métaphore.

_____

_____

_____

_____ comme _____

- **Les odeurs, le goût, le toucher.** Y a-t-il, dans ce que vous imaginez, quelque chose à goûter? Des parfums particuliers? Etudiez des objets dans votre photo imaginaire. Comment sont leurs surfaces selon différents angles (de face, de dessus, de dessous)?

_____

_____

_____

_____ comme _____

- Si vous n'avez pas (ou peu) d'inspiration, reconsidérez votre première liste de lieux et sélectionnez-en un autre. Si vous en avez, commencez tout de suite le brouillon de votre description.

Considérez et notez vos idées dans votre dossier...

A. Le début: Est-ce que vous allez commencer avec...

- une image importante (comme Rochefort ou Pagnol)?

    une explication soulignant l'importance du lieu?

    une citation?

    un fait prodigieux?

    une anecdote?

    une question?

    un dialogue?

B. La fin: De quelle manière allez-vous conclure? A l'aide...

d'une image (comme Rochefort)?

d'une action?

d'une anecdote?

d'une explication?

d'un peu de dialogue (comme Pagnol)?

C. Vos lecteurs français: Est-ce qu'ils connaissent déjà ce lieu? Est-ce qu'ils l'ont déjà vu? Est-ce que vos comparaisons sont basées seulement sur la culture américaine? Comment pouvez-vous aider un Français à voir ce que vous voyez ou à comprendre le lieu de la même façon que vous?

D. Votre style: Est-il poétique comme celui de Pagnol ou télégraphique comme celui de Rochefort?

E. Votre ton: Traduit-il la naïveté d'un enfant (Rochefort) ou l'émotion profonde (Pagnol)? Ou serait-il sarcastique, sardonique?

Montrez votre opinion du lieu sans l'exprimer directement.

- Donnez votre description à un(e) partenaire. Notez sur votre description si vos lecteurs français connaissent ou non le lieu que vous avez décrit.

- Utilisez le questionnaire suivant pour lire et critiquer la description écrite par votre partenaire.

LA DESCRIPTION D'UN LIEU

Lisez la description écrite par un(e) autre étudiant(e) et répondez soigneusement aux éléments suivants (ce qui l'aidera à améliorer sa rédaction).

1 = presque pas 2 = un peu 3 = bien 4 = presque toujours 5 = toujours

A. Les idées, le contenu

Sujet clair	1	2	3	4	5
Les détails aident/soutiennent le sujet central	1	2	3	4	5
Les renseignements sont suffisants	1	2	3	4	5

B. L'organisation

Introduction claire	1	2	3	4	5
Conclusion claire	1	2	3	4	5
Ordre logique, transitions claires	1	2	3	4	5
Chaque paragraphe est uni	1	2	3	4	5

C. La voix

On peut entendre la personnalité de l'auteur	1	2	3	4	5
On peut imaginer/voir le lieu	1	2	3	4	5
Le ton est unique/original	1	2	3	4	5
Sincère	1	2	3	4	5
L'auteur a considéré un lecteur français	1	2	3	4	5

D. La grammaire, les phrases

Facile à lire	1	2	3	4	5
Ponctuation correcte	1	2	3	4	5
Orthographe correcte	1	2	3	4	5
Les accords (genre, nombre) sont respectés	1	2	3	4	5
Temps verbaux logiques	1	2	3	4	5

COMMENTAIRE

1. Qu'est-ce que vous aimez le mieux et **pourquoi**?

2. Où l'auteur pourrait-il ajouter des détails?

3. Avez-vous des suggestions à ajouter?

REVISION

Complétez le schéma suivant après avoir relu votre description:

Caractéristiques de la description	Problèmes à résoudre

AUTO-CORRECTION

Révisez votre description d'un lieu selon votre liste.

Révisez les phrases finales en corrigeant les fautes d'orthographe et de grammaire.

Vérifiez:

  la ponctuation

  l'orthographe

  les accords: genre/nombre

  la logique des temps verbaux

CHAPITRE 3

LE CONTE

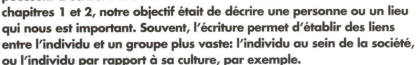

INTRODUCTION

Pourquoi les contes de fées sont-ils populaires depuis des centaines d'années?

Chaque écrivain a ses propres raisons qui le poussent à écrire. Dans les chapitres 1 et 2, notre objectif était de décrire une personne ou un lieu qui nous est important. Souvent, l'écriture permet d'établir des liens entre l'individu et un groupe plus vaste: l'individu au sein de la société, ou l'individu par rapport à sa culture, par exemple.

Dans ce chapitre, nous allons explorer ces liens entre les histoires que nous imaginons et notre place dans une société, une culture, le monde. Il est vrai que, pour qualifier un événement heureux, nous employons souvent l'expression «comme un conte de fées». Mais il suffit d'analyser les contes de fées pour remarquer que ceux-ci n'ont pas toujours une fin heureuse. Par ailleurs, les personnages appartiennent toujours à une classe sociale déterminée. Malgré cela, les contes parviennent à plaire aux lecteurs depuis des siècles.

Vous allez essayer de créer des contes modernes, c'est-à-dire des contes qui ont trait à notre vie quotidienne, tout en utilisant des formules traditionnelles du conte populaire. Un conte ne peut certainement pas refléter le caractère complexe de notre vie quotidienne. Il serait pourtant intéressant de raconter un événement de la vie courante tout en amusant vos lecteurs.

Les exercices signalés par 📝 sont les exercices à inclure dans votre dossier. A la fin du chapitre, le dossier comportera les étapes du développement de votre conte.

A. Les contes traditionnels sont toujours bien connus. Quelles sont les formules employées dans les contes? Indiquez pour chacune des sept formules énumérées lequel ou lesquels des titres de contes de fées donnés ci-dessous utilisent cette formule.

La Belle au bois dormant / Le Petit Chaperon rouge / Barbe-Bleue / Le Chat botté / Les Fées / Cendrillon / Le Petit Poucet / La Belle et la Bête / Blanche-Neige et les sept nains/ Boucles-d'Or et les trois ours

1. Des éléments incroyables

2. L'enchantement ou le surnaturel

3. Des épreuves (*hardships*) que le héros doit subir

4. Un héros ou une héroïne très jeune (par exemple, le plus jeune de la famille)

5. Une mère ou une belle-mère cruelle ou méchante

6. Des animaux qui aident ou sauvent des êtres humains

7. Les thèmes de générosité ou de haute naissance

B. Beaucoup de lecteurs voient du symbolisme dans les contes. Pour certains, à l'origine des contes sont:

   _5_ Des thèmes psychologiques

   _3_ L'histoire ancienne

   _1_ Des mythes qui expliquent des événements naturels

   ____ Des rêves

   _2_ Des explications des normes de la société

Qu'en pensez-vous? Numérotez les explications possibles de 5 (peu probable) à 1 (très probable).

Certains croient que les contes populaires sont universels, quelle que soit la culture ou la civilisation considérée. Etes-vous d'accord?

Pourquoi les contes doivent-ils être universels?

   ____ Ils passent d'une culture à une autre.

   ____ Ils mettent en lumière les besoins humains universels.

   ____ ???

Dans quelle mesure peuvent-ils être universels?

   ____ Ils sont d'origine orale.

   ____ Chaque narrateur choisit des formules identiques pour créer son histoire.

   ____ Ils sont tous basés sur la même attitude sentimentale simple.

   ____ Tout lecteur s'identifie au héros.

   ____ ???

D'autres pensent que les contes éclairent le comportement correct de l'individu en société. Comment est-ce que les contes peuvent refléter les normes d'une société? Réfléchissez aux contextes suivants: le travail, la famille, les relations entre l'homme et la femme, le gouvernement.

C. Faites une liste de sujets possibles pour un nouveau conte «moderne». Préférez-vous expliquer un phénomène se rapportant à la nature? un événement de dimension historique? un problème psychologique? un rêve? une norme de la société moderne? Donnez des exemples précis et concrets de la vie d'aujourd'hui comme sujets possibles.

A. Choisissez un conte de fées ou un conte traditionnel que vous connaissez. Racontez brièvement l'histoire et expliquez le thème ou l'importance du conte selon vous. Décidez-vous en groupe sur l'origine de chaque conte (par exemple, les thèmes psychologiques, l'histoire ancienne, l'explication d'un fait naturel, les rêves, les normes de la société, etc.).

Conte	Origine
_____	_____
_____	_____

B. Distribuez votre liste de sujets se rapportant à l'exercice **_Préparation C_** à la page 29 à vos partenaires. Suggérez comment chaque partenaire pourrait utiliser deux ou trois exemples des formules (le surnaturel, un héros jeune, le rôle des animaux, etc.) dans un conte sur ce sujet. Ecrivez dans votre dossier les suggestions que vos partenaires vous offrent pour les considérer plus tard.

LECTURE

A. «La Légende des deux sœurs» vient de l'île de Tahiti en Polynésie française, un ensemble de 130 îles et atolls du Pacifique. L'origine exacte de l'histoire est inconnue.

_____

• Avant de lire, considérez le titre. Avez-vous un frère ou une sœur? Quels sont, à votre avis, les problèmes typiques qui peuvent exister entre sœurs ou entre enfants et parents?

• Lisez la première phrase. Avez-vous un(e) ami(e) qui est comme un frère ou une sœur? Votre ami(e) vous fait-il (elle) part de ses problèmes familiaux? Quels services importants avez-vous rendus à votre ami(e)?

La Légende des deux sœurs

Hina et Kaea étaient amies depuis leur petite enfance; elles s'aimaient l'une et l'autre comme deux sœurs de même père et de même mère. Dans l'île de Raiatea, Hina vivait à Opoa, et Kaea vivait à Tevaitoa. La limite de Opoa se trouve au lac Mana, et la limite de Tevaitoa commence au lac Mana et va jusqu'au bout de l'île.

Un jour, Kaea invita son amie Hina à venir assister à une fête qui avait lieu chez les siens en souvenir des âmes mortes.

Au jour fixé, Hina partit pour retrouver son amie. Arrivée à la limite de son district, à Mana, elle vit Kaea qui l'attendait. Après s'être embrassées, elles partirent pour Tevaitoa.

Mais pour leur malheur, la mère de Kaea était une sorcière[1] qui mangeait de la chair[2] humaine. En arrivant à la maison, les deux jeunes filles ne trouvèrent personne: Kaea prépara leur repas, car c'était le soir. A la tombée de la nuit, la sorcière revint. Dès qu'elle aperçut la maison, elle cria:

—Je sens l'odeur de quelqu'un qui vient de la vie.

Sa fille lui répondit:

—Personne ne vient de la vie pour nous voir, car ils ont peur de toi.

—Je sens quelqu'un qui vient de la vie et je veux le manger.

—Tu ne peux pas le faire. C'est ma meilleure amie qui vient passer les fêtes avec nous.

La vieille ne répondit rien et avança à pas lents vers le *faré*,[3] en faisant attention car elle était aveugle.[4] Elle feignit[5] de caresser Hina sur tout le corps, mais c'était pour se rendre compte si elle était bien grasse.

Quand elle eut bien examiné la jeune fille, la sorcière alla dans le *faré* préparer la couche des deux amies, en distinguant bien celle d'Hina de celle de Kaea, en mettant l'une à droite et l'autre à gauche. Puis elle dit aux filles:

—Mettez-vous sur vos lits, il fait nuit, il est tard et il faut éteindre la lampe.

Les deux fillettes obéirent et se couchèrent.

Mais au milieu de la nuit, Kaea se leva et réveilla son amie.

—Ecoute, Hina, il nous faut changer de lit, car ma mère sorcière viendra te tuer si tu ne le fais pas. Maintenant, prends bien garde, n'oublie rien de ce que je vais te dire: si ma mère vient, elle me tuera et me coupera en morceaux. Dès[6] le matin, avant le lever du soleil, tu te lèveras et tu prendras mon cœur dans une feuille de *ape*.[7] Tu l'exposeras la nuit à la rosée[8] et le jour tu le préserveras de la chaleur. Si tu accomplis bien tout cela, je reviendrai à la vie.

---

1 *witch*   2 *flesh*   3 (polynésien) la maison   4 qui ne voit pas   5 a fait semblant
6 *as soon as, immediately*   7 un arbre comme le marronnier   8 *dew*

En effet, toutes les choses arrivèrent comme elle l'avait dit.

De très bonne heure, Hina se leva et, s'approchant du corps de son amie, elle prit son cœur et se sauva vers le soleil.

Elle partit à travers la montagne. Arrivée au pied d'un rocher, elle trouva deux cordes, l'une blanche et l'autre noire. Elle monta par la corde blanche, car c'était celle de son amie morte.

Parvenue[9] au haut de la montagne, elle entendit une voix qui l'appelait. Elle se retourna et vit la vieille sorcière qui la poursuivait et qui montait par l'autre corde, celle qui était noire. Car la sorcière s'était aperçue qu'elle avait tué sa propre fille. Quand elle fut au milieu du rocher, la corde noire se cassa et la vieille tomba morte au pied de la falaise.[10]

En arrivant à Mana, Hina fondit en larmes[11] en songeant à son amie morte pour la sauver, et elle se mit à chanter sa tristesse:

«S'est abattu un vent de colère, le vent Tumatuma, qui est venu fondre sur moi, ô amie,

»Vent de tristesse, vent de douleur, épuisant mon souffle à la triste nouvelle qui de toi m'est venue,

»Je me lève pour partir, le chagrin me retient, l'épouvante et l'effroi me retiennent et me glacent le corps.

»Devenu court, le fil a lâché[12] les mailles du filet[13] qui nous rassemblait nous deux, ô mon amie.»

Puis elle continua son chemin. Quand elle arriva chez elle, elle alla cueillir une feuille de *ape* pour envelopper le cœur de son amie, qu'elle soigna[14] nuit et jour, comme elle en avait reçu la recommandation.

---

9 arrivée   10 *cliff*   11 *burst into tears*   12 *let go*   13 *mesh of the net*
14 *looked after*

Au bout d'un certain temps, le cœur de la morte se transforma en un corps qui respirait puis qui se leva. C'était Kaea qui revenait à la vie, car elle était fille de sorcière, et les *tiaporo*, les diables de sa mère, aux puissances féériques, étaient venus l'aider à retourner à la vie.

Elle resta chez son amie, dont les parents devinrent ses *faamu*, ses parents adoptifs, puis elle se maria avec un jeune homme d'Opoa, où elle vécut jusqu'à la dernière lueur[15] de sa vie.

Extrait de *Contes et Légendes de Tahiti et des Mers du Sud* par E. V. Dufour (Paris: Fernand Nathan, 1966)

15 *glimmer*

QUESTIONS

1. Identifiez les formules typiques du conte dans cette légende. Y a-t-il des éléments incroyables? du surnaturel? des épreuves? un héros/une héroïne très jeune? une mère cruelle? des animaux qui aident quelqu'un? un thème de générosité ou de haute naissance?

2. Est-ce qu'il y a du symbolisme dans la légende? Considérez les faits suivants. Que pourraient-ils symboliser dans la vie d'aujourd'hui?

   • La mère qui mange de la chair humaine

   • La mère aveugle

   • Le rocher sur lequel monte Hina

   • La fille qui enveloppe le cœur de son amie

   • La corde blanche et la corde noire

   • Kaea qui revient à la vie

3. Racontez la légende comme s'il s'agissait d'une histoire moderne et réelle sans éléments incroyables ou surnaturels. Qu'est-ce qui se passera?

4. La fin de l'histoire est-elle satisfaisante pour vous? Expliquez.

NOTE

Une légende est d'abord un conte, mais elle est aussi typiquement liée à l'histoire. Souvent on ne peut pas vérifier si une légende est vraie ou fausse, et il y a au moins un (petit) noyau de réalité au centre de la légende. Elle explique une seule culture, les aventures de ses héros et le monde qui les entoure. Dans une légende le courage compte surtout et avant tout.

Chaque société a ses légendes. La France a Charlemagne et *La Chanson de Roland.* Les Etats-Unis ont Paul Bunyan et les forêts du Minnesota.

B.   Avant de lire la deuxième histoire, considérez: Quel a été un de vos plus grands souhaits? Avez-vous jamais désapprouvé le souhait d'un(e) ami(e)? Racontez.

Les Trois Souhaits

Il y avait une fois un homme qui n'était pas riche; il épousa une jolie femme. Un soir, en hiver, qu'ils étaient auprès de leur feu; ils s'entretenaient[1] du bonheur de leurs voisins, qui étaient plus riches qu'eux: «Oh! si j'étais la maîtresse d'avoir tout ce que je souhaiterais, dit la femme, je serais bientôt plus heureuse que tous ces gens-là.

—Et moi aussi», dit le mari.

Au même instant, ils virent dans la chambre une très belle dame qui leur parla ainsi:

«Je suis une fée, je vous promets de vous accorder les trois premières choses que vous demanderez. Mais prenez-y garde, après avoir souhaité trois choses, je ne vous accorderai plus rien.»

La fée ayant disparu, cet homme et cette femme furent très embarrassés[2]. «Pour moi, dit la femme, si je suis la maîtresse, je sais bien ce que je voudrai: je ne souhaite pas encore, mais il me semble qu'il n'y a rien de si bon que d'être belle, riche et grande dame.

—Mais, répondit le mari, en étant de la sorte, on peut devenir malade, chagrine; on peut mourir jeune: il serait plus sage de souhaiter de la santé, de la joie et une longue vie.

—Et à quoi servirait une longue vie si l'on était pauvre, repartit la femme. En vérité, la fée aurait dû nous promettre de nous accorder une douzaine de dons.

—Cela est vrai, dit le mari, mais prenons du temps. Examinons d'ici à demain matin les trois choses qui nous sont le plus nécessaires, et nous les demanderons ensuite. En attendant, chauffons-nous, car il fait froid.»

En même temps la femme prit les pincettes et raviva le feu; comme elle vit qu'il y avait beaucoup de charbons bien allumés, elle dit sans y penser:

«Voilà un bon feu, je voudrais avoir une aune[3] de boudin pour notre souper, nous pourrions le faire cuire bien aisément.» A peine eut-elle achevé ces paroles, qu'il tomba une aune de boudin par la cheminée. «Peste soit[4] de la gourmande avec son boudin! s'écria le mari; ne voilà-t-il pas un beau souhait! Nous n'en avons plus que deux à faire. Pour moi, je suis si en colère, que je voudrais que tu eusses le boudin au bout du nez.»

Dans le moment, l'homme s'aperçut qu'il était encore plus fou que la femme; car, par ce second souhait, le boudin saute au bout du nez de cette pauvre femme qui ne put jamais l'arracher[5].

---

1 *conversed*   2 indécis   3 mesure de longueur (1,188 m)   4 *a plague on*
5 *to pull it off*

«Que je suis malheureuse s'écria-t-elle; tu es méchant d'avoir souhaité ce boudin au bout de mon nez.

—Je te jure, ma chère femme, que je n'y pensais pas, répondit le mari; mais que ferons-nous? Je vais désirer de grandes richesses, et je te ferai faire un étui[6] d'or pour cacher ce boudin.

—Gardez-vous-en bien, reprit la femme, car je me tuerais s'il fallait vivre avec une pareille chose à mon nez: croyez-moi, il nous reste un souhait à faire, laissez-le moi, ou je vais me jeter par la fenêtre.»

En disant ces paroles, elle courut ouvrir la fenêtre; et son mari, qui l'aimait, cria:

«Arrête, ma chère femme! je te donne la permission de souhaiter tout ce que tu voudras.

—Eh bien, dit la femme, je souhaite que le boudin tombe à terre.» Dans le moment, le boudin se détacha, et la femme, qui avait de l'esprit, dit à son mari:

«La fée s'est moquée de nous, et elle a bien fait. Peut-être aurions-nous été plus malheureux étant riches, que nous le sommes à présent. Crois-moi, mon ami, ne souhaitons rien, et prenons les choses comme il plaira à Dieu de nous les envoyer; en attendant, soupons avec notre boudin, puisqu'il ne nous reste que cela de nos souhaits.»

Le mari pensa que sa femme avait raison: ils soupèrent gaiement, et ne s'embarrassèrent plus des choses qu'ils avaient eu dessein[7] de souhaiter.

«Les trois souhaits» par Madame Leprince de Beaumont, dans
***Contes de fées* par Madame d'Aulnoy et Madame Leprince de**
Beaumont (Paris: Imprimerie D. Dumoulin, 1905)

---

6. une boîte   7 (ici) désir

QUESTIONS

1. Qu'est-ce que la fée offre au couple?

2. Comment réagissent-ils à cette offre?

3. Quel est le premier souhait de la femme «gourmande»?

4. Quel est le premier souhait du mari?

5. Que demanderait un(e) gourmand(e) aujourd'hui?

6. Quelles sont les différentes réactions du couple face au deuxième souhait?

7. Quelle est la moralité de ce conte?

8. Changeriez-vous la morale pour une version moderne de ce conte? Pourquoi (pas)?

9. Résumez l'histoire, mais cette fois avec des personnages modernes (peut-être même des personnes célèbres réelles).

A. Comment ponctuer un dialogue

Pour ponctuer un dialogue, étudiez les modèles suivants:

«*Les Trois Souhaits*»

•• Elle dit sans y penser: «Voilà un bon feu, je voudrais avoir une aune de boudin pour notre souper, nous pourrions le faire cuire bien aisément.»

On met les guillemets lorsque le style est direct, c'est-à-dire lorsque l'on rapporte exactement ce qui a été dit. Ils ne sont pas nécessaires si le style est indirect (par exemple: Elle a dit qu'il y avait un bon feu et qu'elle voudrait avoir une aune de boudin pour leur souper. Ils pourraient le faire cuire bien aisément.)

•• Une très belle dame leur parla ainsi: «Je suis une fée, je vous promets de vous accorder les trois premières choses que vous demanderez.»

Quand une citation arrive à la fin d'une phrase, quel signe de ponctuation faut-il avant la citation?

La première lettre de la citation doit-elle être écrite en lettre majuscule ou minuscule?

••«Pour moi, dit la femme, si je suis la maîtresse, je sais bien ce que je voudrai.»

Est-ce qu'il faut fermer les guillemets avant d'indiquer qui parle? Quel signe de ponctuation sépare les éléments qui indiquent? Dans quel ordre faut-il mettre le sujet et le verbe qui indiquent qui parle?

••«Que je suis malheureuse! s'écria-t-elle; tu es méchant d'avoir souhaité ce boudin au bout de mon nez.
—Je te jure, ma chère femme, que je n'y pensais pas, répondit le mari; mais que ferons-nous? Je vais désirer de grandes richesses, et je te ferai faire un étui d'or pour cacher ce boudin.
—Gardez-vous en bien, reprit la femme, car je me tuerais s'il fallait vivre avec une pareille chose à mon nez: croyez-moi, il nous reste un souhait à faire, laissez-le moi, ou je vais me jeter par la fenêtre.» En disant ces mots, elle courut ouvrir la fenêtre…

Pourquoi l'auteur n'a-t-il pas fermé les guillemets après «au bout de mon nez» et les a fermés après «par la fenêtre»?

Quel est le signe de ponctuation utilisé dans un dialogue lorsque l'on change d'interlocuteur?

«L'Argent de poche»

(DANS UNE ECOLE, AU MOMENT DE LA VISITE MEDICALE, ON TROUVE UN ENFANT MALTRAITE.)

••L'infirmière entraîne le directeur vers son bureau parce que, dit-elle, «c'est très urgent, et le docteur veut vous voir».

Quand est-ce que les signes de ponctuation sont à l'extérieur des guillemets?

••—Vous l'avez questionné? Qu'a-t-il dit? demande le commissaire.
—Il a dit ce que ces enfants-là disent toujours: «Je suis tombé, je me suis cogné[1]…»

Quels signes de ponctuation utilise-t-on pour signaler une citation à l'intérieur d'une citation?

••[Le professeur parle aux élèves:]
«Maintenant vous allez tous partir en vacances, et moi je voudrais vous parler de Julien…

«Un enfant malheureux, un enfant martyr se sent toujours coupable et c'est cela qui est abominable.

«Parmi toutes les injustices qui existent dans le monde, celles qui frappent les enfants sont les plus injustes…

Les enfants ont écouté leur maître avec sérieux et attention…

«Voilà. Alors, les enfants, les classes sont terminées et je vous souhaite de bonnes vacances.»

Quel signe de ponctuation faut-il choisir pour un discours ou un monologue long? Où est-ce qu'on ouvre les guillemets? Où est-ce qu'on les ferme?

Récapitulez. Observez tous les exemples. Quand est-ce qu'on va à la ligne dans les dialogues? Quand ouvre-t-on les guillemets? Quand ferme-t-on les guillemets? Quand utilise-t-on le tiret? Quand met-on la ponctuation en dehors des guillemets?

---

1 Il veut dire que c'était un petit accident et de sa faute.

EXERCICE 1

Ecrivez un dialogue entre un cheval et un ours. Imaginez qu'il fait nuit et que sur une route de campagne le cheval rencontre l'ours.

1er paragraphe	Que dit le cheval à l'ours?
2e paragraphe	Que répond l'ours au cheval?
3e paragraphe	Que réplique le cheval à l'ours?
4e paragraphe	Tout à coup, un orage terrible éclate. Décrivez-le en quelques phrases.

5e paragraphe	Que dit l'ours au cheval?
6e paragraphe	Quelle est la réponse du cheval?
7e paragraphe	Finissez cette phrase: «La morale de cette histoire est...»

EXERCICE 2

Partagez votre fable de l'exercice 1 avec les autres étudiants. Chaque auteur lit sa fable à haute voix. Les autres écoutent et prennent des notes. Dans vos notes décrivez chaque fable sans analyse ni critique.

EXERCICE 3

Chaque étudiant lit à haute voix ses notes sur chaque fable à l'auteur de cette fable. Quels sont les points communs à toutes les fables?

EXERCICE 4

Avec des partenaires, écrivez d'autres morales pour les fables de votre groupe. Ecrivez au moins dix morales possibles pour chaque fable. Ensuite, choisissez-en une pour relire au reste de la classe. Pourquoi avez-vous préféré cette morale aux autres?

EXERCICE 5

1. Transformez ce paragraphe en récit dialogué:

La légende de Motu Tabou raconte que, dans l'ancien temps, une jeune fille tahitienne rencontrait de nuit son fiancé, dans l'île Tabou. Et main dans la main, ils se promenaient dans toute l'île, sur ses plages, sous ses arbres. Une nuit, le garçon ne vint pas au rendez-vous, et depuis ce jour, elle ne le revit plus. Et la jeune fille, cœur brisé, promit de ne jamais quitter l'île, jusqu'à ce qu'il revînt vers elle. Et depuis ce jour, les Tahitiens disent que par les nuits de lune, si l'on regarde au-dessus du lagon vers l'île Tabou, de bons yeux peuvent voir le merveilleux fantôme, vêtu seulement du *pareo*[1] de *tapa*[2] blanc, errant sur la plage, ou assis sous une palme ou sous un arbre fruitier, attendant son amoureux.

Mais... Que les dieux aident l'homme qui se rend[3] au rendez-vous! Beaucoup d'hommes, connus pour leur bravoure, attirés à l'idée d'un merveilleux fantôme amoureux qui la nuit hante l'île, s'y sont aventurés, malgré le conseil de la légendaire rumeur. Et leur imprudence leur a coûté la vie. Car au matin, après leur nuit de veille, ils ont été retrouvés, morts! Et les indigènes chuchotent[4], quand ils sentent l'étrange légèreté du corps épuisé, que la victime a été aimée à mort par le fantôme de l'île Tabou.

2. Quels sont les avantages d'un récit?

3. Quels sont les avantages d'un récit dialogué?

---

1 vêtement imprimé en coton   2 tissu fait de fibres végétales   3 va
4 parlent à voix basse

B. Symbolisme

EXERCICE 1

Observez les figures suivantes. Que distinguez-vous? Dressez une liste de vos réponses.

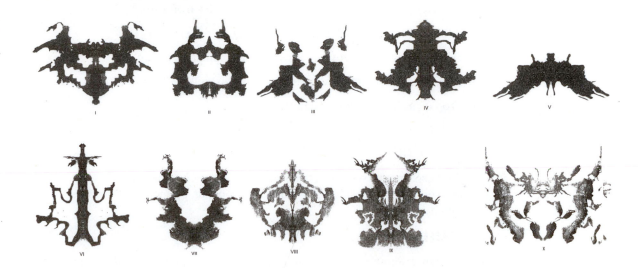

EXERCICE 2

Dans les contes, un symbole est un être ou une chose qui représente une idée abstraite. Quelles sont les idées abstraites que peuvent réprésenter les mots suivants?

1. la statue de la Liberté
2. une maison
3. un drapeau
4. la balance
5. une alliance (*wedding ring*)
6. une croix

7. un mur
8. une colombe
9. la Bastille
10. l'arc-en-ciel
11. l'auréole (*halo*)
12. le pain

EXERCICE 3

Qu'est-ce qui pourrait représenter ces idées abstraites?

1. la beauté
2. le mal
3. la laideur
4. la paix
5. le sacrifice
6. le courage

7. la sagesse
8. l'espoir
9. l'amour
10. l'héroïsme
11. la capitulation

EXERCICE 4

Choisissez un conte traditionnel de la liste ci-dessous qui représente chacun des quatre thèmes qui suivent.

La Belle au bois dormant / Le Petit Chaperon rouge / Barbe-Bleue / Le Chat botté / Les Fées / Cendrillon / Le Petit Poucet / La Belle et la Bête / Blanche-Neige et les sept nains/ Boucles-d'Or et les trois ours

1. Il faut se marier pour l'argent et vivre veuve riche.

2. Quand on est bien né(e), on accepte tout malheur avec un esprit généreux.

3. Une femme doit attendre qu'un homme raisonnable l'introduise à la vie.

4. Trop de naïveté peut être dangereux.

C. Le Souhait

Pour exprimer un souhait, il faut souvent employer le subjonctif.
Les verbes suivants, suivis d'un verbe au subjonctif, permettent d'exprimer des sentiments.

LE SOUHAIT

aimer (bien, mieux) que	préférer que
désirer que	souhaiter que
exiger que	vouloir (bien) que

L'EMOTION

avoir honte que	être étonné que	être inquiet que
avoir peur que	être fâché que	être ravi que
craindre que	espérer que [+ l'indicatif]	être surpris que
être content que	être furieux que	être triste que
être désolé que	être heureux que	regretter que

LE JUGEMENT:

il (n')est (pas) bon que	il (n')est (pas) important que
il est bizarre que	il est mauvais que
il est étrange que	il (n')est (pas) nécessaire que
il (ne) faut (pas) que	il vaut mieux que
il est formidable que	il est préférable que
il est juste que	Je trouve bon/mauvais que

EXERCICE 1

Vous avez devant vous une fée. Quels sont vos trois souhaits? La fée vous répond en donnant son opinion.

   (Attention: Je voudrais avoir une aune de boudin. [infinitif]
             Je voudrais que tu aies le boudin au nez. [subjonctif])

Vous: La fée:

Je souhaite / veux / désire que…   Il vaut mieux que…

                                   Il est bizarre que…

                                   etc.

   (Cet exercice peut être fait en petits groupes.)

EXERCICE 2

   Vous avez joué à la loterie. Vous rêvez des possibilités… Expliquez vos rêves.

Je souhaite que…

Je désire que…

Je veux bien que…

Mes amis seront contents que…

Mes parents seront heureux que…

Tout le monde sera surpris que…

Je ne regrette pas que…

As-tu peur que… ?

Mon meilleur ami/ Ma meilleure amie exigera que…

Nous serons ravis que…

Personne ne sera fâché que…

EXERCICE 3

   Qu'est-ce que vous souhaitez pour les personnes suivantes?

1. Mon (Ma) meilleur(e) ami(e)   5. Les enfants

2. Mes parents   6. Le président de mon université

3. Le président des Etats-Unis   7. Les grandes villes

4. Les Européens   8. Mes voisins

EXERCICE 4

Quels seraient vos conseils à un(e) camarade de classe dans chacune des situations suivantes? Remplacez les [ ] par un nom et répondez en utilisant une expression au subjonctif.

1. Si [ ] a mal à la tête?

   Il vaut mieux qu'il/elle…

2. Si [ ] est sans argent?

3. Si [ ] n'a pas compris la leçon de français?

4. Si [ ] aime la plage et le beau temps?

5. Si [ ] se dispute souvent avec ses parents?

6. Si [ ] veut voyager?

Certaines conjonctions à ne pas oublier au subjonctif:

Bien que

Jusqu'à ce que

Pourvu que

Quoi que[1]

> **Quoi qu**'elle fasse, le boudin restera à son nez.
> La fée vous accordera les dons, **pourvu que** vous ne demandiez rien d'autre.
> **Bien qu**'ils soient pauvres, leur vie est agréable.
> Elle va pleurer **jusqu'à ce qu**'il accepte son dernier souhait.

EXERCICE 5

Expliquez l'histoire «La Légende des deux sœurs» en utilisant les expressions suivantes: **bien que, jusqu'à ce que, pourvu que, quoi que**.

REDACTION

A. Vous allez créer un drame à partir de votre sujet ou thème. S'agira-t-il d'un thème psychologique, d'une histoire récente, d'une explication d'un fait naturel, d'un rêve, ou d'une norme de la société?

B. Créez une étoile à cinq branches comme l'étoile à la page suivante pour votre conte.

---

1 **Quoique** (en un mot) est un synonyme de **bien que**.

LA SITUATION

LE DÉVELOPPEMENT   **LES ACTEURS**

LES MOTIFS   **LES ÉVÉNEMENTS**

Imaginez que les branches de l'étoile sont indépendantes mais aussi liées entre elles. Ecrivez une explication pour chaque branche.

1. La situation = les lieux, la scène, l'histoire
   Le lieu dans les contes de fées est souvent très vague ou situé dans un pays lointain ou magique.

2. Les acteurs = une personne responsable des événements et/ou concernée par les événements

3. Les événements = Que se passe-t-il physiquement? Et dans les esprits? Et dans les cœurs?

4. Les motifs = la raison, le mobile, ou le ressort pour les événements
   Inventez maintenant les motifs des actions, que vous ne préciserez peut-être pas aux lecteurs.

5. Le développement = Comment est-ce que l'action se déroule? N'oubliez pas que rien n'est impossible dans un conte! Vous n'êtes pas contraint(e) de coller à la réalité.

C. Si vous ne l'avez pas déjà fait, transposez vos acteurs et votre cadre modernes pour en faire des personnages et un lieu de conte de fées.

MODERNE		**CONTE DE FEES**
1. La situation		
_____	—	_____
2. Les acteurs		
_____	—	_____
3. Les événements		
_____	—	_____
4. Les motifs		
_____	—	_____
5. Le développement		
_____	—	_____

QUESTIONNAIRE

Après avoir écrit votre conte, écrivez quatre à six questions pour vos lecteurs, qui vous aideront à réviser et rédiger le conte. Que voudriez-vous savoir à propos de vos lecteurs? Par exemple, offrez aux lecteurs deux ou trois de vos symboles et demandez-leur ce qu'ils représentent selon eux. (Si leur réponse est celle que vous attendiez, cela signifie que vous avez réussi à communiquer vos idées. Par contre, si leur réponse n'est pas celle espérée, vous aurez des révisions à faire).

Questions pour mes lecteurs:

1.

2.

3.

4.

5.

6.

REVISION

Analysez les réponses à vos questions. Ecrivez les questions qui ont reçu une réponse inattendue. En quoi les réponses vous surprennent-elles? Pourquoi?

Réponse inattendue	Raison
1.	
2.	
3.	

AUTO-CORRECTION

Lisez votre conte phrase par phrase.

• Identifiez chaque verbe. Est-ce que le temps employé est correct?

• Observez chaque nom. Est-ce que le genre est correct?

• Est-ce que les accords sont respectés?

• Utilisez-vous des expressions traduites de l'anglais? Sont-elles des anglicismes ou existent-elles dans la langue française?

- Reprenez vos compositions précédentes et notez les fautes communes que vous avez faites. Les retrouvez-vous dans votre conte?

LE CONTE DE FEES: SYNTHESE

Considérez les aspects que partagent tous les contes:

Quelles sont les formules d'un des modèles de ce chapitre? Quelles sont ses qualités particulières?

Quelles sont les formules de votre conte? Quelles sont ses qualités particulières?

Les aspects que partagent tous les contes

Quelles sont les formules d'un autre conte? Quelles sont ses qualités particulières?

CHAPITRE 4

LE COMPTE RENDU D'UN ÉVÉNEMENT: L'ACCIDENT

INTRODUCTION

L'objet du compte rendu est de relater un événement. Il doit apporter au lecteur une information complète avec le maximum de clarté. Le constat d'un accident est un exemple de compte rendu dont le but précis consiste à informer et apporter un témoignage sur les faits exacts qui se sont déroulés sous vos yeux.

Le compte rendu d'un accident doit être rigoureusement exact, sans erreur et sans détails imaginaires. On cherche l'objectivité avant tout. Cela n'empêche pas que l'on s'attende à un jugement subjectif sur les causes de l'accident et les responsabilités des personnes impliquées.

Les exercices marqués ✎ sont à inclure dans vos dossiers.

Tout individu, au cours de sa vie, tôt ou tard, vit l'expérience d'un accident. Vous allez décrire un accident (grave ou minime) dont vous avez été témoin, ou que vous avez vécu personnellement ou que vous imaginez. C'était peut-être un accident de voiture ou de vélo. Remplissez la fiche suivante pour votre accident. C'est un constat amiable utilisé dans les pays francophones comme la France ou le Québec.

Comment remplir le Constat amiable :

1 Utilisez un seul Constat amiable pour 2 véhicules en cause (2 Constats pour 3 véhicules, etc.). Peu importe qui le fournit ou le remplit. Employez un stylo à bille et appuyez fort, le double sera plus lisible.

2 N'oubliez pas, en rédigeant le Constat :
a) de vous reporter à vos documents d'assurance (police ou carte rose) et à votre permis de conduire ;
b) d'établir un croquis de l'accident.

3 S'il y a des témoins, indiquez leurs nom et adresse à la rubrique 5, surtout en cas de difficultés avec l'autre conducteur.

4 Signez et faites signer le Constat par l'autre conducteur. Remettez-lui un des exemplaires, conservez l'autre. Si l'autre conducteur refuse de remplir un Constat ou de signer le Constat rempli, remplissez quand même le vôtre et faites-le parvenir à votre assureur (voir paragraphe 3 de la rubrique Mode d'emploi).

5 Pour de plus amples renseignements sur la façon de remplir le Constat amiable, veuillez vous référer à l'exemple de la dernière page.

1 Complétez les renseignements dont a besoin votre assureur en remplissant la Déclaration de l'assuré au verso du Constat.

2 Si votre véhicule est en état de rouler, votre assureur (courtier ou agent) vous guidera quant au choix d'un Centre d'estimation agréé. Sinon précisez où et quand l'expert pourra examiner les dégâts.

3 Ne modifiez en aucun cas le Constat.

4 Transmettez le Constat dûment rempli à votre assureur (courtier ou agent) le plus rapidement possible.

Si l'autre conducteur est en possession d'un formulaire également conforme au modèle retenu par le Groupement des assureurs automobiles, mais établi en anglais, sachez qu'il est identique au vôtre et que vous pouvez suivre la traduction de rubrique en rubrique sur votre propre Constat.

Le présent formulaire servira également dans les cas d'accidents sans tiers, par exemple : versement, vol ou incendie.

1 Pour tout accident automobile, utilisez un seul Constat pour deux véhicules en cause.

2 Ne modifiez rien au Constat après les signatures et la séparation des exemplaires des deux conducteurs.

3 Pour accélérer le règlement de votre sinistre, nous vous suggérons de remplir la déclaration au verso du Constat et d'envoyer le tout à votre assureur (courtier ou agent) dans les cinq jours.

Dès réception de votre nouveau Constat, placez-le dans la boîte à gants de votre véhicule.

© Groupement des assureurs automobiles 1990

groupement des assureurs automobiles

d'accident automobile

Que faire en cas d'accident ?
Quelles qu'en soient les circonstances, conservez votre sang-froid et restez courtois.

S'il y a des blessés même légers :
Appelez d'abord la police et remplissez ensuite un Constat amiable.

S'il n'y a que des dommages matériels :
Présentez spontanément votre attestation d'assurance, votre certificat d'immatriculation et votre permis de conduire et remplissez soigneusement avec l'autre conducteur un seul et même Constat amiable.

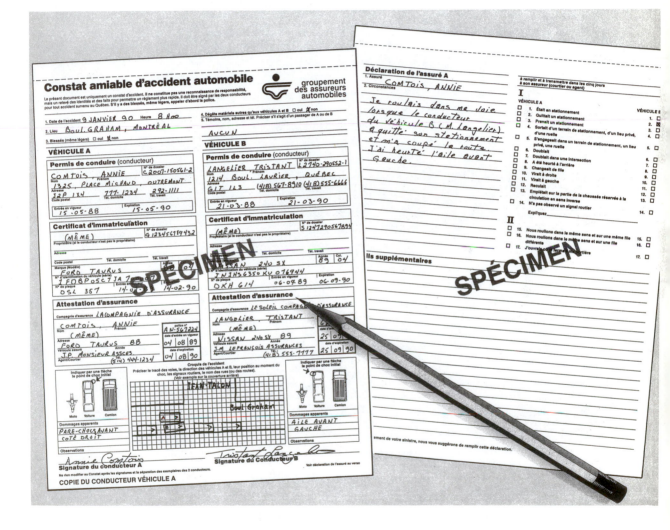

Constat amiable d'accident automobile

Le présent document est uniquement un constat d'accident. Il ne constitue pas une reconnaissance de responsabilité, mais un relevé des identités et des faits pour permettre un règlement plus rapide. Il doit être signé par les deux conducteurs pour tout accident survenu au Québec. S'il y a des blessés, même légers, appeler d'abord la police.

groupement
des assureurs
automobiles

1. Date de l'accident _____ Heure _____

2. Lieu _____

3. Blessés (même légers) ☐ oui ☐ non

4. Dégâts matériels autres qu'aux véhicules A et B ☐ oui ☐ non

5. Témoins, nom, adresse et tél. Préciser s'il s'agit d'un passager de A ou de B

VÉHICULE A

Permis de conduire (conducteur)

N° de dossier _____

Nom _____ Prénom _____

Adresse _____

Code postal _____ Tél. domicile _____ Tél. travail _____

Entrée en vigueur _____ Expiration _____

Certificat d'immatriculation

N° de dossier _____

Propriétaire (si le conducteur n'est pas le propriétaire) _____

Adresse _____

Code postal _____ Tél. domicile _____ Tél. travail _____

Marque (Modèle) _____ Année _____ Cyl. _____

N° d'identification du véhicule (série) _____

N° de plaque _____ Entrée en vigueur _____ Expiration _____

Attestation d'assurance

Compagnie d'assurance _____

Nom _____ Prénom _____

Adresse _____

Véhicule assuré _____ Année _____

Agent/Courtier _____ Tél. _____

police n° _____

date d'entrée en vigueur _____

date d'expiration _____

VÉHICULE B

Permis de conduire (conducteur)

N° de dossier _____

Nom _____ Prénom _____

Adresse _____

Code postal _____ Tél. domicile _____ Tél. travail _____

Entrée en vigueur _____ Expiration _____

Certificat d'immatriculation

N° de dossier _____

Propriétaire (si le conducteur n'est pas le propriétaire) _____

Adresse _____

Code postal _____ Tél. domicile _____ Tél. travail _____

Marque (Modèle) _____ Année _____ Cyl. _____

N° d'identification du véhicule (série) _____

N° de plaque _____ Entrée en vigueur _____ Expiration _____

Attestation d'assurance

Compagnie d'assurance _____

Nom _____ Prénom _____

Adresse _____

Véhicule assuré _____ Année _____

Agent/Courtier _____ Tél. : _____

police n° _____

date d'entrée en vigueur _____

date d'expiration _____

Indiquer par une flèche le point de choc initial

Moto Voiture Camion

Dommages apparents

Observations

Croquis de l'accident

Préciser le tracé des voies, la direction des véhicules A et B, leur position au moment du choc, les signaux routiers, le nom des rues (ou des routes).
(Voir exemple sur la couverture arrière)

Indiquer par une flèche le point de choc initial

Moto Voiture Camion

Dommages apparents

Observations

Signature du conducteur A

Signature du Conducteur B

Ne rien modifier au Constat après les signatures et la séparation des exemplaires des 2 conducteurs.

Voir déclaration de l'assuré au verso

COPIE DU CONDUCTEUR VÉHICULE A

Déclaration de l'assuré A

1. Assuré

2. Circonstances

à remplir et à transmettre dans les cinq jours
à son assureur (courtier ou agent)

I

VÉHICULE A			VÉHICULE B
☐	1.	Était en stationnement	1. ☐
☐	2.	Quittait un stationnement	2. ☐
☐	3.	Prenait un stationnement	3. ☐
☐	4.	Sortait d'un terrain de stationnement, d'un lieu privé, d'une ruelle	4. ☐
☐	5.	S'engageait dans un terrain de stationnement, un lieu privé, une ruelle	5. ☐
☐	6.	Doublait	6. ☐
☐	7.	Doublait dans une intersection	7. ☐
☐	8.	A été heurté à l'arrière	8. ☐
☐	9.	Changeait de file	9. ☐
☐	10.	Virait à droite	10. ☐
☐	11.	Virait à gauche	11. ☐
☐	12.	Reculait	12. ☐
☐	13.	Empiétait sur la partie de la chaussée réservée à la circulation en sens inverse	13. ☐
☐	14.	N'a pas observé un signal routier	14. ☐
		Expliquez_____	

II

☐	15.	Nous roulions dans le même sens et sur une même file	15. ☐
☐	16.	Nous roulions dans le même sens et sur une file différente	16. ☐
☐	17.	J'ouvrais ou je fermais ma portière	17. ☐

Détails supplémentaires

Pour accélérer le règlement de votre sinistre, nous vous suggérons de remplir cette déclaration.

A. Imaginez que vous travaillez pour une compagnie d'assurances. Lisez la fiche d'un autre étudiant et posez-lui quelques questions au sujet de l'accident. Vérifiez tous les détails de l'accident concernant, par exemple:

• Le lieu

• Le moment (le temps, la date, l'heure, etc.)

• Les personnes impliquées dans l'accident

• L'ordre chronologique des événements

• Les conséquences de l'accident

• Son jugement personnel sur les causes et les responsabilités

B. Après avoir répondu aux questions de votre partenaire, écrivez un compte rendu de votre accident en un à trois paragraphes. Utilisez les déclarations, les croquis et le vocabulaire du constat amiable pour vous guider.

LECTURE I

Voici un exemple d'un compte rendu d'un accident tiré du journal *Le Monde* (un journal international réputé pour ses reportages sérieux et intellectuels).

Quelles sont les questions typiques auxquelles un article de journal répond?

Un avion allemand s'écrase à l'atterrissage à Roissy

Un avion Dash-8 allemand qui effectuait la liaison entre Brême (nord de l'Allemagne) et Paris s'est écrasé dans la soirée du mercredi 6 janvier à l'aéroport Charles-de-Gaulle, faisant quatre victimes, trois blessés graves et treize blessés légers. L'avion transportait vingt-trois personnes dont seize Français, un Britannique et six Allemands, y compris les quatre membres d'équipage. Il était affrêté[1] par la compagnie Contact Air de

1 *chartered*

Stuttgart, pour le compte d'une filiale[2] de la Lufthansa, la City Line Lufthansa.

C'est le premier accident qui survient à l'aéroport de Roissy[3]. Les blessés ont été dirigés vers plusieurs hôpitaux de la banlieue parisienne. L'appareil, un bimoteur à hélices[4], était en approche finale de la piste numéro 2 de l'aéroport quand, à 19h24, la tour de contrôle a perdu le contact avec lui. L'avion s'est écrasé à environ 500 mètres du seuil de[5] la piste 2, dans un fossé[6], a précisé la préfecture de Bobigny (Seine-Saint-Denis). Une enquête judiciaire devra éclaircir les raisons exactes de cet accident, qui restaient inconnues dans la matinée du jeudi 7 janvier. L'interrogatoire des membres d'équipage, sains et saufs, devrait permettre d'éclaircir les conditions de l'accident.

Le pilote aurait pû être gêné par des conditions météorologiques médiocres. Des spécialistes signalaient un plafond de nuage bas avec une visibilité à partir de 150 mètres du sol seulement. Mais, à ce stade, l'hypothèse d'une avarie[7] technique n'est pas exclue. Le Dash-8 est un avion biturbopropulseur fabriqué par la firme canadienne De Havilland et pouvant accueillir plus de trente-trois passagers.

---

2 *subsidiary*   3 L'aérogare Charles-de-Gaulle dans la banlieue parisienne a été construite en 1973.   4 *propeller*   5 du commencement de   6 *ditch*   7 *breakdown*

QUESTIONS

1. Où cet accident s'est-il passé?

2. Pourquoi, à votre avis, cet accident a-t-il été mentionné dans le journal international *Le Monde*?

3. Quels détails offre-t-on sur le moment de l'accident (le temps, la date, l'heure, etc.)?

4. Que savons-nous sur les victimes?

5. Que savons-nous sur les autres personnes impliquées dans l'accident?

6. Quels sont les faits de l'accident?

6. Que dit l'auteur de ce compte rendu sur les causes et les responsabilités de l'accident?

7. Un compte rendu doit transmettre une information complète sans détails imaginaires. Mentionnez des questions auxquelles ce compte rendu ne répond pas. Vos questions seraient-elles prises en considération dans un compte rendu?

LE TON ET LE POINT DE VUE

A. **Le point de vue** veut dire (littéralement) la place de l'observateur, c'est-à-dire d'où il voit l'action.

Décrivez le même accident de *Préparation* mais cette fois en changeant de point de vue.

du siège arrière de la voiture

d'une voiture se dirigeant vers le lieu de l'accident

du trottoir

du 45ᵉ étage d'un gratte-ciel en face du lieu de l'accident

du point de vue d'une mouche sur le pare-brise de la voiture

d'un autre endroit

B. Dressez une liste des différences que vous pouvez noter entre les deux versions (votre nouveau point de vue et votre point de vue original).

C. Le point de vue peut également illustrer (plus figurativement) une manière de voir les choses, c'est-à-dire une opinion particulière.
Dans un compte rendu on porte un jugement subjectif personnel sur les causes et les responsabilités. Notre jugement subjectif restera le même, mais le ton que nous choisissons pour l'exprimer sera différent selon le lecteur auquel nous nous adressons.

D. **Le ton** traduit l'expression d'une attitude. L'expression «bien fait» utilisée oralement peut exprimer la félicitation ou une insulte selon le ton employé. De même, il est possible d'exprimer un ton particulier par écrit.

EXERCICE Identifiez le changement de ton dans les comptes rendus suivants. Pour le ton N° 5, rédigez le paragraphe dans un ton différent.

Ton N° 1
Cher ———,
Je n'ai pas pu me rendre à la réunion car le véhicule de la société ne fonctionnait pas normalement. En effet, les freins ont lâché et le véhicule a heurté une boîte aux lettres. Il n'y a pas eu de dégâts sérieux. Personne n'a été blessé.

Ton N° 2
Cher ———,
Je n'ai pas pu me rendre à la réunion. Vous vous rendez compte! Le véhicule de la société ne fonctionnait pas normalement. Il est impossible que les freins aient lâché! Et le comble! Le véhicule a heurté une boîte aux lettres!

Ton N° 3
Cher ———,
Je n'ai pas pu me rendre à la réunion car, les freins de mon véhicule ayant lâché, j'ai eu un léger accident. Heureusement que le véhicule n'a heurté qu'une boîte aux lettres. Dieu merci, personne n'a été blessé et les dégâts ne sont pas sérieux.

Ton N° 4
Cher ———,
J'avais tellement envie d'aller à la réunion! Je me suis trouvé là, assis devant le véhicule accidenté, impuissant alors que le temps s'écoulait. Malheureusement les freins ont lâché et il y a eu de légers dégâts.

Ton N° 5

LES CONVENTIONS DE LA LETTRE

Plus loin, vous aurez à formuler le compte rendu sous forme de correspondance. Vous allez écrire à votre compagnie d'assurances. Tout d'abord, étudiez le modèle ci-dessous.

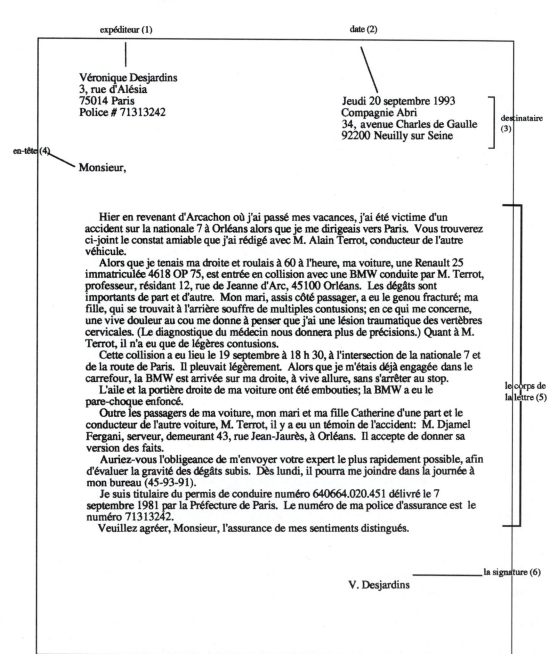

expéditeur (1)

date (2)

Véronique Desjardins
3, rue d'Alésia
75014 Paris
Police # 71313242

Jeudi 20 septembre 1993
Compagnie Abri
34, avenue Charles de Gaulle
92200 Neuilly sur Seine

destinataire (3)

en-tête (4)

Monsieur,

Hier en revenant d'Arcachon où j'ai passé mes vacances, j'ai été victime d'un accident sur la nationale 7 à Orléans alors que je me dirigeais vers Paris. Vous trouverez ci-joint le constat amiable que j'ai rédigé avec M. Alain Terrot, conducteur de l'autre véhicule.

Alors que je tenais ma droite et roulais à 60 à l'heure, ma voiture, une Renault 25 immatriculée 4618 OP 75, est entrée en collision avec une BMW conduite par M. Terrot, professeur, résidant 12, rue de Jeanne d'Arc, 45100 Orléans. Les dégâts sont importants de part et d'autre. Mon mari, assis côté passager, a eu le genou fracturé; ma fille, qui se trouvait à l'arrière souffre de multiples contusions; en ce qui me concerne, une vive douleur au cou me donne à penser que j'ai une lésion traumatique des vertèbres cervicales. (Le diagnostique du médecin nous donnera plus de précisions.) Quant à M. Terrot, il n'a eu que de légères contusions.

Cette collision a eu lieu le 19 septembre à 18 h 30, à l'intersection de la nationale 7 et de la route de Paris. Il pleuvait légèrement. Alors que je m'étais déjà engagée dans le carrefour, la BMW est arrivée sur ma droite, à vive allure, sans s'arrêter au stop.

L'aile et la portière droite de ma voiture ont été embouties; la BMW a eu le pare-choque enfoncé.

Outre les passagers de ma voiture, mon mari et ma fille Catherine d'une part et le conducteur de l'autre voiture, M. Terrot, il y a eu un témoin de l'accident: M. Djamel Fergani, serveur, demeurant 43, rue Jean-Jaurès, à Orléans. Il accepte de donner sa version des faits.

Auriez-vous l'obligeance de m'envoyer votre expert le plus rapidement possible, afin d'évaluer la gravité des dégâts subis. Dès lundi, il pourra me joindre dans la journée à mon bureau (45-93-91).

Je suis titulaire du permis de conduire numéro 640664.020.451 délivré le 7 septembre 1981 par la Préfecture de Paris. Le numéro de ma police d'assurance est le numéro 71313242.

Veuillez agréer, Monsieur, l'assurance de mes sentiments distingués.

le corps de la lettre (5)

la signature (6)

V. Desjardins

(1) L'expéditeur

On doit ajouter le numéro de la police d'assurance.

Si la lettre est très brève, l'adresse peut suivre la signature en bas de la page.

(2) La date

La date peut être brève: «20 septembre 1993».

(3) Le destinataire

L'adresse du destinataire se place sous la date.

(4) L'en-tête

Il faut laisser une distance entre la date et l'en-tête.

Il faut respecter les règles de la politesse en utilisant les formules appropriées.

A un inconnu: Monsieur, Madame (toujours avec majuscule)

Monsieur le Directeur, Madame la Directrice (avec leur titre)

(N'écrivez pas M. le Directeur *ou* Monsieur Guilbert)

A une connaissance: Cher Monsieur[1]

A un ami: Cher ami, Chère amie

Mon cher Alain, Chère Monique

(5) Le corps de la lettre

Voici des formules que vous pouvez utiliser.

• Pour formuler une demande dans une lettre officielle

Veuillez... m'adresser

Veuillez avoir l'obligeance de... m'indiquer

Je vous prie de...

Je vous serais reconnaissant(e) de...

Je vous prie de bien vouloir...

• Pour communiquer des informations

Je vous informe que...

J'ai le plaisir de vous informer que... *(positives)*

J'ai le regret de vous informer que... *(négatives)*

• Pour demander un emploi

Ayant lu l'annonce que vous avez fait paraître dans [**nom du journal**], j'aimerais poser ma candidature au poste de...

---

1 Une femme utiliserait plus souvent tout simplement Monsieur ou Cher ami.

Etant actuellement sur le point de terminer mes études, je désirerais...

L'offre d'emploi de [**nom du travail**], publiée dans [**nom du journal**] de ce jour, m'intéresse vivement.

• Pour conclure la lettre

La formule de politesse finale reprend toujours les mots de l'en-tête. Si la lettre commence par **Monsieur le Professeur**, elle se termine par **Recevez, Monsieur le Professeur, l'expression de mes salutations distinguées.**

• La formule finale se compose de trois éléments.

A UN(E) INCONNU(E)

1	2	3
Recevez, (Veuillez recevoir,)	Monsieur, / Madame,	mes salutations distinguées.
Acceptez, (Veuillez accepter,)	cher Monsieur, chère Madame,	l'assurance de mes sentiments distingués (*ou* respectueux *ou* les meilleurs).
Agréez, (Veuillez agréer,)	Monsieur (*ou* Madame) le chef du personnel,	l'expression de mon profond respect.

Quand on veut marquer une certaine déférence, on remplace **recevoir** par **agréer** ou **accepter**, et **assurance** par **expression**.

Quand on est en désaccord avec quelqu'un, on écrit **Recevez, Monsieur, mes salutations**.

A UNE CONNAISSANCE

1	2	3
Recevez,	cher Monsieur, / chère Madame,	l'expression de mes sentiments les plus respectueux.
Veuillez agréer,	chère Madame et amie, cher Monsieur et ami,	l'expression de ma respectueuse sympathie.
Croyez,	chère Madame, cher Monsieur,	à tous mes meilleurs sentiments.

A UN(E) AMI(E)

(tutoiement ou vouvoiement selon le cas)

1	2	3
Recevez,	cher ami, / chère amie,	l'expression de ma respectueuse amitié.
Veuillez croire,	cher Mathieu, / chère Simone,	à toute ma sympathie.
Amicalement,		
Bien à vous (toi).		

EXERCICE 1   Récrivez votre compte rendu de l'accident en plusieurs versions selon le lecteur auquel vous vous adressez. Observez les formules de politesse nécessaires selon votre degré d'intimité avec le lecteur et le niveau de déférence que vous voulez exprimer. Choisissez deux versions différentes et exprimez un ton différent pour chaque lecteur, qui peut être:

- La police

- La famille d'un autre conducteur dans l'accident

- Un(e) ami(e) proche à qui vous pouvez admettre les émotions fortes qu'on ressent après un accident (par exemple, le soulagement, la peur, la colère contre la police, soi-même, ou en général)

- Un employeur

- Quelqu'un d'autre

EXERCICE 2   Lisez les différentes versions du compte rendu d'un(e) camarade de classe. Identifiez les différents tons de l'auteur. Soulignez les mots ou les expressions qui renforcent ce ton. Encerclez les mots ou les expressions qui contredisent le ton des autres phrases.

REDACTION

Préparez votre «chef-d'œuvre» d'un compte rendu d'un événement. Si vous choisissez le témoignage d'un accident de la circulation ou d'un accident du travail, inspirez-vous des suggestions suivantes: D'où avez-vous observé l'accident? Quelles étaient les circonstances? Qui était présent? Quand cela s'est-il passé? Quels étaient les faits dans l'ordre chronologique? Quels étaient les résultats? Quelles étaient, selon vous, les causes et les responsabilités de l'accident?

On écrit aussi souvent des comptes rendus de réunions, de matchs sportifs et d'œuvres littéraires. (Voir le chapitre 7 pour le compte rendu d'un film.)

COMMUNICATION

Lisez soigneusement le compte rendu final d'un(e) étudiant(e).
Faites un commentaire sur les éléments suivants. Identifiez les aspects positifs et les problèmes pour chaque élément.

COMMENTAIRE

Le rapport des faits (Clair? Précis?)

L'ordre chronologique

Le résultat

Le jugement personnel

Le ton (Raisonnable? Soutenu dans tout le compte rendu?)

Les détails (Suffisants? Clairs? Superflus?)

REVISION

 Considérez les suggestions de votre lecteur. Identifiez les problèmes sur lesquels vous êtes d'accord. Ordonnez ces problèmes du plus important au moins important. Commencez à chercher les solutions aux problèmes les plus importants. Laissez les problèmes les moins importants pour plus tard.

AUTO-CORRECTION

Finalement, cherchez à trouver toutes vos erreurs d'orthographe et de grammaire. Vérifiez une nouvelle fois votre choix de vocabulaire.

CHAPITRE 5

LE RESUME

«Du charbon au diamant, il n'y a qu'une différence de densité.» Mila Fata

INTRODUCTION

Pourquoi résumer?

• C'est un acte de la vie quotidienne.

Par exemple on résume oralement sa journée, un événement ou ses vacances.

• C'est un travail actif de la pensée.

En France les professeurs considèrent le résumé un comme un exercice très utile pour apprendre aux étudiants à lire et à écrire. Donc, apprendre à résumer permet aux non-francophones d'intégrer une partie de l'héritage scolaire d'un francophone. Dans les pays francophones c'est un exercice fréquent dans les examens et les concours.

Les instructions officielles du baccalauréat français annoncent:

Le résumé suit le fil[1] du développement. Il donne du texte, dans le même ordre, une version condensée mais fidèle. Il ne change pas le système de l'énonciation[2]: il reformule le discours du texte initial sans prendre de distance (c'est-à-dire en s'abstenant d'indications telles que: «l'auteur déclare que..., montre que...»). Il s'interdit un montage de citations: le candidat exprime dans son propre langage les assertions du texte. Il peut cependant, lorsqu'il s'agit de mots clés, qu'il serait absurde de remplacer par de mauvais équivalents, reprendre les mots du texte et, par exception, citer entre guillemets une formule particulièrement significative. [...] La règle sera de réduire le texte au quart environ de cette longueur. Le libellé[3] du sujet précisera le nombre de mots fixé, selon la nature du texte, pour le résumé. Il rappellera aux candidats qu'une marge de 10% en plus ou en moins est admise et qu'ils ont à indiquer eux-mêmes à la fin de leur résumé le nombre de mots employés.

(Instructions officielles du baccalauréat - B.O. du 7 juillet 1983.)

Donc, il y a deux sortes de résumé: le résumé familier et le résumé scolaire ou officiel. Dans ce chapitre, vous vous exercerez à écrire les deux sortes de résumé.

---

1 *thread*   2 la façon de parler   3 *wording*

Le Résumé familier

Dans un résumé on n'est pas obligé de critiquer ou de donner son avis sur l'original. On n'a qu'à dégager les idées principales et les reformuler.

Relisez un des contes du chapitre 3 et dégagez les idées principales en un seul paragraphe. Ecrivez le brouillon de ce résumé dans votre dossier. N'oubliez pas que dans un résumé on n'analyse pas, mais on raconte d'une manière plus brève.

Le Résumé familier

A. Mettez-vous en groupes selon vos choix d'histoire du chapitre 3 et comparez vos résumés. Ecoutez les résumés des autres et écrivez les mots-clés qui sont communs à votre résumé et aux résumés des autres pour la même histoire. (**Mots-clés** veut dire les mots qui sont essentiels au sens principal de l'histoire.)

Mots-clés communs

_____   _____

_____   _____

_____   _____

_____   _____

_____   _____

B. Racontez à un(e) camarade de classe une histoire personnelle qui vous est arrivée. Ecoutez pendant que cette personne raconte votre histoire à une autre personne de la classe. Pendant qu'il/elle raconte votre histoire, notez les mots-clés de son résumé de votre histoire.

_____   _____

_____   _____

_____   _____

_____   _____

_____   _____

Y a-t-il des idées importantes qu'il/elle a oubliées?

_____   _____

_____   _____

Y a-t-il des détails qu'il/elle aurait pu omettre? Des détails superflus?

_____ _____

_____ _____

C. Maintenant, l'auditeur de l'histoire va suggérer trois ou quatre mots-clés du résumé qu'il a écouté. Sont-ils sur votre liste de mots-clés de l'exercice B? Décidez en groupe quelques raisons pour le choix d'un mot-clé d'un texte. Notez ces raisons dans votre dossier pour vous guider lorsque vous écrirez des résumés.

ECRIRE

Le Résumé familier
Des lecteurs français voudraient comprendre des histoires populaires pour enfants aux Etats-Unis. Choisissez un livre ou une histoire que vous avez lu enfant. Résumez l'histoire en un seul paragraphe. N'analysez pas. Offrez le sens principal de l'histoire sans perdre le fil de l'histoire mais sans raconter toute l'histoire.

PREMIERE ETAPE

Le Résumé scolaire
Dans les instructions officielles du baccalauréat [Introduction] se trouvent cinq critères de votre résumé:

1. «Le résumé suit le fil du développement»: Il faut garder l'ordre du texte.

2. «Une version... fidèle»: Il faut comprendre les intentions de l'auteur et les conserver.

3. «Il ne change pas le système de l'énonciation»: Si l'auteur dit «je» vous devez garder ce «je». On n'ajoute pas «je crois que» ou «l'auteur dit», mais on s'efface derrière l'auteur et on écrit comme si on était à sa place.

4. «Il s'interdit un montage de citations...»: Il faut utiliser des synonymes et modifier les phrases sans les copier.

5. «Réduire le texte au quart de sa longueur»: Il faut éliminer les détails, les précisions et les exemples superflus mais garder l'essentiel et la nuance importante.

A. **LECTURE 1** Le résumé donne du texte, dans le même ordre, une version condensée mais fidèle. Lisez le texte suivant. Ensuite, remettez les paragraphes résumés dans l'ordre de la version originale.

La Folie et les bonnes manières

Paradoxalement, dans une société aussi bien organisée, aussi pacifiée et policée que la nôtre, où le fou ne court plus les rues, l'image du «fou-en-liberté» déclenche de véritables paniques chez des individus apparemment normaux.

C'est sans doute qu'au départ le malade mental est celui qui ne paye pas sa dette de civilité dans le face à face de la vie quotidienne. Il interpelle[1] l'ordre social (par exemple: par un refus immotivé[2] d'aller au travail, par une altercation sur la voie publique, par un comportement personnel bizarre...), qui, aussitôt, l'interpelle lui, le fou, en le priant de s'expliquer sur son ordre mental personnel.

Comme l'a bien vu Jacques Vorrèche, le fou, c'est l'anti-diplomate par excellence; il ne respecte pas les règles de civilité, ne commence pas avec autrui selon le rituel requis[3]; il détruit le décorum qui règle nos échanges personnels. Et ce n'est certes pas un hasard du vocabulaire si les bouffons sont aussi appelés des fous. Ils remplissent la même fonction de dégonflage[4], de dérision des grands airs que les maîtres du monde se donnent si volontiers.

Il y a dans les règles de savoir-vivre une notion essentielle: la maîtrise de soi. C'est aussi une notion centrale en psychiatrie. Elle permet la distinction importante pour la pathologie mentale entre la psychose et la névrose. Est seulement «névrosé» l'individu qui sait se retenir de faire ce qui lui passe par la tête. Est, par contre, «psychotique» celui qui ne sait plus se tenir.

[...] «Par conséquent, écrit J. Vorrèche, tout repose sur un ordre social constitué par un ensemble de signes infimes[5] composés de gestes, de positions, de regards et de mouvements, facteurs dictés par un certain groupe social, dans le but de civiliser les autres, c'est-à-dire de les coloniser. D'où l'arbitraire

---

1 *questions*　2 *groundless*　3 *requisite*　4 *deflating* (ici, de l'amour-propre)
5 minuscules

pur des signes de civilité. Cet arbitraire entraîne à son tour une intolérance forcenée[6] pour toute variance par rapport à cette norme. Car toute déviance, même à partir de la simple déférence [...], remet en question l'ordre public. Or l'ordre public, comme tout ordre du reste, est une série de rapports hiérarchiques. Le fou, qu'il soit celui de la cour princière ou celui de la rue, est celui qui remet en question la dignité de cette «hiérarchie».

D'où, comme l'observe toujours Vorrèche, le peu de différence entre la lecture d'un manuel de psychiatrie et un livre de bonnes manières.

Roland Jaccard, *L'Exil intérieur*
(Paris: Presses Universitaires de France, 1979)

---

6 *fanatical*

Ecrivez ces paragraphes réduits à leurs places correctes à côté de la version originale:

- Jacques Vorrèche prétend que le fou est celui qui ne respecte pas les règles de politesse, de savoir-vivre, qui ne sait pas se maîtriser. Le névrosé est celui qui ne peut se retenir de faire ce qui lui passe par la tête, le psychotique est celui qui ne le peut pas.

- L'ordre social est composé de signes infimes imposés par un groupe social pour civiliser les autres, c'est-à-dire les coloniser. Les signes de civilité sont arbitraires et cet arbitraire entraîne une intolérance forcenée pour toute déviance par rapport à la norme.

- Dans une société organisée comme la nôtre, l'idée du fou en liberté déclenche un sentiment de panique chez des individus apparemment normaux.

- La déviance met en question la hiérarchie sur laquelle repose l'ordre social. Le fou est celui qui met en question l'ordre social. Selon J. Vorrèche, il y a peu de différence entre un manuel de bonnes manières et un traité de psychiatrie.

- Le malade mental est celui qui n'est pas «civil» dans la vie quotidienne. Il s'oppose à l'ordre social qui lui demande de s'expliquer sur son ordre mental.

B. Questions sur «La Folie et les bonnes manières»

1. Avant de résumer il faut bien comprendre la lecture.

Ecrivez cinq questions qui révèleront les idées principales du texte par Jaccard et leur réponse possible.

Modèle:

Q. Comment réagissent les gens devant le malade mental?
R. Ils sont paniqués.

_____

_____

_____

_____

_____

_____

_____

_____

_____

2. Posez vos questions à des camarades de classe et répondez à leurs questions. S'il y a des détails du texte que vous n'avez pas compris, posez vos questions au groupe.

C. Maintenant lisez un résumé final du texte original.

Résumé du texte «La Folie et les bonnes manières»

> Il y a plusieurs raisons pour lesquelles l'image du «fou-en-liberté» fait peur aux gens. D'abord, le fou s'attaque aux règles de la civilité. Ensuite, il ne respecte pas les rituels des échanges personnels et, au moins dans le cas des bouffons, qu'on dit aussi être des fous, il tourne en dérision les règles excessives de ces échanges.
>
> En termes de psychiatrie, le fou manque de maîtrise de soi, il ne peut pas s'empêcher de faire ce qui lui passe par la tête, comme peut le faire le névrosé. Le fou remet en question l'ordre social et l'arbitraire de tous ces signes infimes identifiés par J. Vorrèche; le fou ne respecte pas les rapports hiérarchiques de l'ordre public. [119 mots]

1. Trouvez les mots-clés de la version originale qui n'ont pas été changés.

_____ _____

_____ _____

2. Identifiez les détails et les exemples superflus dans la version originale qui ont été éliminés dans le résumé.

_____ _____

_____ _____

D. **LECTURE II**   Lisez soigneusement le texte suivant. Vous aurez à le résumer plus tard.

Préparation

Michel Platini a été un célèbre footballeur. Il jouait pour Turin quand, dans un match au Heysel en Belgique, il y a eu une panique dans le stade qui a fait 454 blessés et 38 morts. Le match a eu lieu en dépit de cette tragédie. Par la suite on a beaucoup reproché à Platini et aux autres joueurs d'avoir joué, mais maintenant on croit que le désastre aurait été pire si les équipes n'avaient pas joué.

Dans son autobiographie Platini se justifie…

_____

Violence sur les stades

Le cauchemar du Heysel continue de me hanter aujourd'hui encore. Tous ces morts... Et les blessés que j'allai visiter à l'hôpital de Vilvorde... On m'a beaucoup critiqué. J'entends encore ce concert de voix trop solennelles pour être honnêtes, qui m'objectaient: «Qui voudra se souvenir de votre victoire?»

Qui ? Le plus grand nombre possible, je l'espère. Au nom de tous les innocents pourchassés, étouffés, piétinés[1] pour avoir simplement chanté leur fierté et l'amour de nos couleurs. Et je dis cela parce que je sais qu'aucune victoire, aussi prestigieuse soit-elle, ne vaut une vie.

1 *trampled*

Il faut se souvenir, garder notre victoire en tête. Ne jamais oublier. Pour que n'aient plus jamais lieu les trop fréquentes catastrophes qui jonchent[2] l'histoire du football... 23 mai 1964, Lima, Pérou : 320 morts et 1 000 blessés lors du match de qualification pour les J.0.[3] opposant Pérou et Argentine. Un but refusé par l'arbitre au Pérou, qui lui aurait permis de revenir au score, déclenche une émeute et un incendie[4]... 17 septembre 1967, Kayseri, Turquie: 40 morts, 600 blessés. Un but contesté, encore, provoque des échauffourées[5] au couteau entre supporters de Kayseri et de Sivas... 23 juin 1968, Buenos Aires, Argentine: 80 morts, 150 blessés. Lors du match River Plate-Boca junior, des supporters allument des feux de joie. Le public croit à un incendie. C'est la panique aux portes du stade, dont l'une est bloquée par les tourniquets d'entrée... 25 juin 1969, Kirkhala, Turquie: 10 morts et 102 blessés. Cette fois, les supporters se sont entre-tués à coups de revolver... 25 décembre 1969, Bukavu, Zaïre: 27 morts, 52 blessés. Au moment de l'arrivée du président Mobutu, les portes du stade s'ouvrent, la foule s'engouffre, piétinant de nombreux spectateurs... 2 janvier 1971, Glasgow, Ecosse: 66 morts, 108 blessés, à l'occasion du derby Celtic contre Rangers. Un but marqué à la dernière minute fait refluer[6] une partie du public qui quittait le stade vers les gradins[7], se heurtant alors avec les nouveaux partants. Une bousculade meurtrière s'ensuit[8]... 11 février 1974, Le Caire, Egypte: 48 morts et 47 blessés. 80 000 personnes veulent assister à la rencontre entre une équipe cairote et le Dukla de Prague. Mais la jauge[9] d'accueil du stade Zamaiek n'est que de 40 000 places. Une grille[10] de bas de tribune s'effondre[11], comme au Heysel sous la poussée... 11 mai 1985, Bradford, Angleterre: 54 morts et 200 blessés au cours du match Bradford-Lincoln. Un incendie, probablement d'origine criminelle, ravage les vétustes[12] tribunes en bois[13]... Et maintenant, 29 mai 1985, stade du Heysel, Bruxelles, Belgique: 38 morts, 454 blessés...

En jouant, j'en reste intimement persuadé, nous avons évité un carnage encore plus grand, nous avons sauvé des vies innocentes. (440 mots)

Michel Platini, *Ma vie comme un match* (Paris: Editions Robert Laffont, 1987)

---

2 *are scattered around*   3 Jeux Olympiques   4 un feu   5 *scuffles, clashes*
6 *surge back*   7 *bleachers*   8 *follows*   9 *capacity*   10 *entrance gate*
11 *gives way*   12 *decayed*   13 *wooden bleachers*

E. Questions sur «Violence sur les stades»

1. Pourquoi est-ce qu'on a critiqué Platini?

2. Que pensait Platini du ton des objections?

3. Pourquoi, selon Platini, doit-on se souvenir de sa victoire au Heysel?

4. Où a eu lieu la catastrophe avec le plus grand nombre de victimes? Quelle en était la cause?

5. Enfin, pourquoi Platini croit-il qu'il a eu raison de jouer?

6. Qu'est-ce que vous auriez conseillé aux équipes, si vous aviez été un responsable du stade? Pourquoi?

Pour suivre les règles du résumé français pour le texte de Platini il faut arriver à un résumé d'environ 80 à 110 mots.

F. Classez les éléments du texte dans trois catégories (trois niveaux d'importance).

1. **essentiel**

_____

_____

_____

_____

2. **secondaire**

_____

_____

_____

_____

3. **accessoire**

_____

_____

_____

_____

DEUXIEME ETAPE

Le Résumé scolaire

Un problème particulier au texte de Platini: Comment classer un grand nombre d'exemples? Considérons des solutions.

A. Le troisième paragraphe de Platini, le plus long, est une énumération d'exemples de violence. Où avez-vous placé ces exemples?

Regardez la liste suivante des exemples du troisième paragraphe. On laisse déjà de côté le jour et le mois. Ils sont importants dans le texte de Platini car cette précision montre qu'il ne s'agit pas de souvenirs vagues. Mais, dans la perspective d'une synthèse, on peut les considérer comme accessoires.

On garde la majorité des autres éléments parce qu'on n'a pas encore choisi les critères pour les regrouper en synthèse.

1. 1964, Pérou, 300 morts et 1 000 blessés, émeute suite à une décision contestée de l'arbitre.

2. 1967, Turquie, 40 morts et 600 blessés, bagarres suite à une décision contestée de l'arbitre.

3. 1968, Argentine, 80 morts et 150 blessés, panique suite à des feux de joie.

4. 1969, Turquie, 10 morts et 102 blessés, suite à des bagarres.

5. 1969, Zaïre, 27 morts et 52 blessés suite à l'arrivée du président.

6. 1971, Grande-Bretagne (Ecosse), 66 morts et 108 blessés, panique suite à un mouvement de foule.

7. 1974, Egypte, 48 morts et 47 blessés, effondrement d'une grille sous la poussée de la foule.

8. 1985, Grande-Bretagne (Angleterre), 54 morts et 200 blessés, incendie probablement criminel.

9. 1985, Belgique, 38 morts et 454 blessés, panique suite à des bagarres entre supporters.

Dans un résumé réprésentant le quart (1/4) de l'original il n'est pas possible de ne conserver que 2 des 9 exemples parce qu'on ne doit pas sacrifier certains exemples pour en privilégier d'autres. Il faut chercher à regrouper les exemples en synthèse. Mais comment?

En pays?

On pourrait regrouper les deux exemples relatifs à la Turquie et les deux exemples relatifs à la Grande-Bretagne.

En dates?

On constate seulement que l'Europe est absente de la première décennie et prépondérante ensuite.

En continents?

Essayez de regrouper les exemples selon les continents.

l'Amérique latine _____

l'Asie _____

l'Afrique _____

l'Europe _____

Par nombre de morts?

Ce nombre va de quelques dizaines à quelques centaines et ce classement n'apporte pas grand-chose. Pour réduire la quantité de détails on pourra laisser de côté les blessés.

Par cause de catastrophes?

Ne pourra-t-on pas classer les catastrophes en deux catégories de causes? Lesquelles?

1. _____

2. _____

B. Réduit à l'essentiel, le long paragraphe d'exemples se résume ainsi. Choisissez les mots qui conviennent pour finir le résumé.

(Amérique, Afrique, Europe, catastrophes, décennies, morts, dizaines, bagarres, panique, supporters, centaines)

Dans les dernières _____, en _____ du Sud, en

Turquie, en _____ et plus récemment en _____, des

matchs de football ont débouché sur des _____ provoquant des

_____ de _____—et même dans un cas des

_____ de victimes—à la suite de _____ entre

_____ou de mouvements de _____.

ECRIRE

Le Résumé scolaire

A. Ecrivez un résumé du texte de Platini. Essayez d'incorporer les idées précédentes en résumant les exemples du troisième paragraphe. Votre résumé doit représenter 1/4 de la version originale.

B. Vous demandez d'emploi mais d'abord l'employeur voudrait voir un exemplaire de votre travail écrit et demande un résumé. Trouvez un court texte français qui vous intéresse et résumez-le.

—*Je serai bref...*

PAUL ROUAIX

venir au monde
consistor
s'incarner dans
être
créaturo
individu
personne
chose
objet
entité
essence
quintessence
sujet
esprit
matière
réalité
existence
matérialité
objectivité
subjectivité
personnalité
impersonnalité
incorporalité
ontologie
métaphysique

absolu
nécessaire
premier
conceptuel
logique
incréé
noumène
abstrait
subjectif
objectif
personnel
impersonnel
incorporel
immatériel
matériel
concret
créé
relatif
contingent

Dictionnaire-manuel des idées suggérées par les mots

contenant
tous les mots de la langue française
groupés d'après le sens

30e édition

Collection U

Librairie Armand Colin
103, Bd. Saint-Michel, Paris-5e

Dans un résumé chaque mot «compte». On doit toujours chercher des mots qui ont un rapport étroit avec les idées principales. Pour cela il faut éviter à tout prix les mots plats ou vides comme «chose» ou «être». Ce sont des mots pratiques mais banals.

Pour éviter le verbe «être»:

Essayez les verbes **consister en**, **demeurer**, **exister**, **joncher**, ou **rester**. Cherchez un verbe réfléchi plus expressif comme **se tenir**, **se trouver**, **se voir**, **se dresser**, etc.

- Je **demeure** convaincu qu'il ne respecte pas les règles.

- Les débris **jonchaient** le stade après le match.

- Le but de civiliser les autres **reste** important pour la société.

- Ils **se tiennent** tranquilles pendant la pause café.

- Le stade **se trouve** à Bruxelles.

- L'enfant **s'est vu** gêné devant son professeur.

- Au centre du village **se dresse** une statue historique.

Pour éviter les noms banals comme «chose»:

Cherchez toujours un nom plus précis ou des explications plus particulières.

EXERCICE 1   Rédiger la phrase en remplaçant le verbe **être** par une variante plus expressive.

1. Je **suis** persuadé que nous avons évité un carnage.

2. Ses supporters **sont** toujours fidèles.

3. L'ordre social **est**-il un ensemble de gestes minimes arbitraires?

4. Les supporters **sont** aux portes du stade.

5. Les joueurs **ont été** dans le stade même pendant la période dangereuse.

6. Ces supporters **sont** calmes pendant les matchs.

EXERCICE 2   Imaginez/inventez un détail plus précis dans les phrases suivantes pour remplacer le terme «chose».

1. Il dit des choses importantes.

   _____

2. Elle a mis les choses dans sa chambre.

   _____

3. Cette chose est difficile à comprendre.

   _____

4. La chose essentielle est de ne pas paniquer.

   _____

La chasse aux mots banals!

1. Lisez un des résumés d'un(e) camarade de classe. Soulignez les mots qui pourraient être plus précis. Avez-vous des suggestions pour un choix plus précis?

2. Dans le résumé de votre camarade cherchez les mots du texte original. Encerclez-les. Y en a-t-il trop? Suggérez au moins un synonyme.

3. Pour votre résumé à vous, remplissez la fiche suivante.

Mon résumé...

	oui	non
est réduit à 1/4		
est réduit aux idées principales		
a résumé des exemples		
a suivi la progression de la version originale		
est resté neutre (sans commentaire personnel)		
a gardé le point de vue de l'auteur (même si je ne suis pas d'accord avec lui!)		
m'a aidé(e) à comprendre le texte original		

Avant de donner votre résumé au professeur...

1. Lisez le texte original plusieurs fois. Le comprenez-vous ?

2. Pouvez-vous expliquer de quoi s'agit-il? Y a-t-il des détails que vous n'avez pas compris?

3. Relisez le texte original. Identifiez les mots-clés. Ces mêmes idées se trouvent-elles dans votre résumé?

CHAPITRE 6

LE COMPTE RENDU D'UN FILM

INTRODUCTION

En régle générale le compte rendu devrait...

- permettre au lecteur de comprendre le sujet du film
- donner le genre du film (polar [*whodunit*], science-fiction, aventure, etc.)
- ne pas ennuyer, tout en ne révélant pas trop du film
- dire au lecteur qui a réalisé le film et qui sont les acteurs
- aider le lecteur à décider de voir le film ou pas
- offrir un jugement sur le film—appuyé sur des exemples pris dans le film
- s'adresser au lecteur comme à un(e) ami(e)

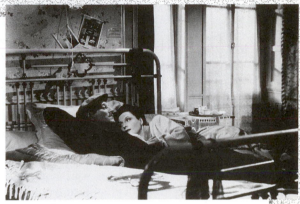

Le jour se lève

Que cherchez-vous en lisant le compte rendu d'un film? (Les ingrédients d'un <u>bon</u> compte rendu dépendent finalement de ce que cherche le lecteur.) Certains lecteurs les consultent seulement pour choisir un film au cinéma le week-end. Ils veulent surtout de l'aide pour décider de voir ou non un certain film. Ils cherchent des comptes rendus dans le journal régional, par exemple. D'autres lecteurs, amateurs de cinéma plus sérieux, veulent une analyse plus profonde, plus sophistiquée. Ils cherchent des comptes rendus dans les magazines spécialisés dans le cinéma (par exemple, *Cahiers du cinéma, Première*).

Dans ce chapitre vous allez lire des exemples des deux sortes de comptes rendus de films et apprendre à en écrire vous-même selon vos opinions sur des films que vous connaissez.

Les exercices signalés par le [✏️] sont les exercices à inclure dans votre dossier. A la fin du chapitre, le dossier contiendra votre meilleur compte rendu d'un film comme celui d'un critique professionnel!

"Enter
the
Dragon"

"Beautiful
Girls"

"Une formalité
simple"

A. Avez-vous la capacité d'être critique de cinéma? Répondez aux questions suivantes.

Voici les qualifications professionnelles d'un critique de cinéma. Etes-vous compétent(e) pour ce travail?

1. Il faut aller souvent au cinéma.
   Combien de fois par mois y allez-vous?

2. Il faut être organisé.
   L'êtes-vous?

3. Il faut aimer communiquer avec les autres.
   Aimez-vous donner votre opinion aux autres?

4. Il faut réfléchir sur les thèmes d'un film.
   Combien de fois avez-vous ce genre de réflexion après un film?

5. Il faut considérer le cinéma comme un art.
   Comment voyez-vous le cinéma?

6. Quelquefois il faut pouvoir comparer un film à d'autres films déjà sortis.
   Vous rappelez-vous bien des films que vous avez vus?

7. Quelquefois il faut pouvoir comparer un film à d'autres du même style.
   Etes-vous amateur d'un style particulier de film? (par exemple, le film d'épouvante, ou la comédie musicale, ou le drame psychologique?)

8. Quelquefois il faut pouvoir considérer un film comme un reflet de la société.
   Pensez-vous que les films influencent la culture? Par exemple, les films violents causent-ils un accroissement de la violence dans la société?

9. Quelquefois il faut s'intéresser à l'industrie cinématographique pour critiquer les films.
   Savez-vous comment les films sont financés ou distribués?

10. Quelquefois il faut pouvoir analyser la psychologie ou l'idéologie d'un film pour le comprendre.
    Connaissez-vous des films qui ont un point de vue ou un message?

B. 1. Quel est ou a été votre film préféré?

Préparez-vous à expliquer à vos camarades de classe votre film ou vos films favoris. Préparez un résumé du scénario et la raison pour laquelle vous préférez ce film.

B. 2. Quel film détestez-vous ou avez-vous détesté? Pourquoi?

A. Ecoutez les descriptions des films préférés ou détestés de vos camarades de classe. Imaginez que vous devez écrire un compte rendu de leur film pour un journal régional. Préparez des questions à poser aux étudiants qui expliquent l'importance du film selon eux.

B. Avec un(e) partenaire regardez vos questions précédentes. Notez sur quels aspects des films vous avez posé des questions.

Aspect du film	Nombre de questions	Aspect du film	Nombre de questions
le scénario (l'intrigue)	_____	la perspective sociale (ce que dit le film sur la société)	_____
la perspective historique (le rôle du film dans l'histoire)	_____	la perspective psychologique (ce que dit le film sur la psychologie des gens)	
les thèmes (ce que dit le film sur un sujet)	_____	la technique cinématographique (les flashbacks, les effets spéciaux, le montage, etc.)	_____
la réaction personnelle du spectateur	_____	les personnages	_____
le rôle de la violence	_____	le rôle de la sexualité	_____
autre?	_____		

Quel(s) aspect(s) du film vous influence(nt) ou vous intéresse(nt) le plus?

C. Trouvez un(e) autre étudiant(e) de la classe qui s'est concentré(e) sur les mêmes aspects du cinéma que vous. Avec ce(tte) partenaire, créez chacun(e) une liste de films que vous avez vus récemment (ou il y a plus longtemps s'il le faut pour trouver une liste en commun). Notez les films en commun.

D. Choisissez un des films en commun. Ecrivez ensemble le brouillon d'une analyse de ce film. Quels sont les points forts et les points faibles du film? Dans votre dossier notez les suggestions de votre partenaire auxquelles vous n'avez pas pensé. (Ecrire pour les autres demande qu'on pense comme les autres aussi.)

Les comptes rendus suivants analysent des films de styles différents et de perspectives différentes. Lisez ces comptes rendus et faites attention aux différents aspects du cinéma qui intéressent les critiques de cinéma et forment donc leur perspective.

LE SALAIRE DE LA PEUR
en version intégrale

DRAME PSYCHOLOGIQUE
COMPTE RENDU D'UNE PERSPECTIVE HISTORIQUE

Au Film Forum 2 à Manhattan, la reprise du grand film d'Henri-Georges Clouzot, *Le salaire de la peur*, marque pour la première fois la présentation dans sa version intégrale d'un sommet du cinéma français. C'est également l'occasion de voir ou de revoir un chef-d'œuvre du suspense et l'un des succès du cinéma international.

Tourné dans les décors arides de la Camargue[1], censés évoquer un paysage sud-américain, *Le salaire de la peur* est l'odyssée de quatre paumés[2]—Mario (Yves Montand), un opportuniste plein de fougue[3]; Jo (Charles Vanel), un repris de justice[4] sur le retour; Luigi (Folco Lulli), un Italien plein de verve; et Bimba (Peter van Eyck), un Allemand taciturne.

Pour échapper à leur enfer personnel, ils acceptent de convoyer deux camions remplis de nitroglycérine, liquide explosif particulièrement instable, vers une exploitation pétrolifère ravagée par le feu qui se trouve à 500 kilomètres. La paie, 2.000 dollars pour chaque camionneur, est l'illusoire récompense qui leur permettra de se tirer de l'existence sans espoir dans laquelle ils se trouvent.

Lors de sa présentation aux Etats-Unis, en 1955, le film avait été considérablement édulcoré[5], «charcuté»[6] diront certains par des coupures qui avaient pour objet d'éviter la foudre[7] des censeurs, particulièrement tatillons quant à[8] la teneur[9] de propos jugés anti-américains, notamment sur le monopole du pétrole, nerf moteur de l'économie moderne, représenté dans le film par un consortium dont le sigle SOC semblait bien proche d'une compagnie d'essence mondialement connue.

Le film, en dépit de certains aspects simplistes, continue de frapper par la tension extraordinaire dans le récit de Clouzot, notamment dans

---

1 région du sud de la France qui est un parc naturel régional   2 personnes qui ne vivent pas dans la réalité   3 ardeur impulsive   4 personne qui a été l'objet d'une condamnation   5 *watered down*   6 *butchered*   7 la colère   8 *regarding*

la seconde partie qui suit le périple[9] des quatre camionneurs et de leur charge dangereuse. Le suspense est rapidement créé et soutenu pendant toute la durée, et tient la salle littéralement en haleine jusqu'à la dernière image. C'est une reprise exceptionnelle qui est à ne pas manquer.

(*France-Amérique*, 26 octobre – 1er novembre 1991)

---

9 voyage

QUESTIONS A CONSIDERER

1. Pourquoi le film est-il joué en version intégrale pour la première fois aux Etats-Unis 36 ans plus tard?

2. Pourquoi l'histoire économique joue-t-elle un rôle si important dans la distribution de ce film?

3. Trouvez le résumé de l'histoire dans le compte rendu. Comment imaginez-vous la fin du film? Comparez vos idées aux idées des autres membres de la classe. L'avez-vous prévue de la même manière?

4. L'opinion du critique est-elle positive ou négative? Trouvez plusieurs expressions qui expriment son point de vue.

5. Connaissez-vous d'autres films qui sont toujours populaires 40 ans plus tard? Si oui, pourquoi?

6. Avez-vous envie de voir ce film? Pourquoi ou pourquoi pas?

REMAKES: Hollywood en panne d'imagination

FILM NARRATIF
COMPTE RENDU D'UNE PERSPECTIVE SUR LE CONTEXTE CULTUREL DU FILM ET L'INDUSTRIE CINEMATOGRAPHIQUE

Deux films américains empruntent récemment leur argument[1] à deux films européens. *Le temps d'un week-end*, de Martin Brest, est le «remake» de *Parfum de femme*, de l'Italien Dino Risi, et *Sommersby*, de Jon Amiel, est celui du *Retour de Martin Guerre*, de Daniel Vigne.

---

1 *storyline*

La chienne

Le phénomène n'est pas nouveau. *La chienne*, de Jean Renoir, ou *Le jour se lève*, de Marcel Carné avaient naguère été «américanisés».

C'est l'ampleur du phénomène qui étonne. En vingt ans, le nombre de remakes américains n'a cessé d'augmenter: *Cousin cousine*[2], *Un éléphant ça trompe énormément, Trois hommes et un couffin*[3], et *Nikita*[4], pour ne citer que les plus fameux, ont été ou seront revus à la sauce américaine. Au cours des années fastes[5], entre 1930 et 1950, Hollywood dominait le monde, créait des genres, imposait un style de cinéma universel, populaire, diffusant dans le monde entier le rêve américain. Le public ébahi[6] admirait un cinéma riche en thèmes, doté de décors somptueux, animé par des stars olympiennes. C'était le bon temps.

Aujourd'hui les professionnels du cinéma sont plongés dans le désarroi et l'inquiétude par deux crises: celle du cinéma et celle de notre civilisation, qui a pulvérisé certains tabous mais créé de nouvelles routines.

L'hégémonie[7] hollywoodienne a vécu[8], sinon[9] pour exporter de désolantes séries policières, fantastiques, juvéniles ou «gore». Où sont passées les prestigieuses équipes de scénaristes[10], où sont les héritiers de Scott Fitzgerald, William Faulkner ou Raymond Chandler?

Désemparés[11], les producteurs se tournent vers la vieille Europe et cherchent à lui soutirer des sujets d'inspiration. Un nouveau marché s'est ouvert à nos intellectuels tout farauds[12] d'exporter leur matière grise. On désosse[13] leurs idées et on les restructure à l'américaine.

Mais soyons honnêtes. Si la panne d'inspiration des conteurs d'outre-Atlantique flatte notre orgueil culturel, ajoutons qu'elle produit parfois d'excellents films. C'est le cas de *Sommersby* et *du Temps d'un week-end*.

(par Gilbert Salachas, *Phosphore*, avril 1993)

---

2 *Cousins*   3 *Three Men and a Baby*   4 *Point of No Return*   5 bonnes   6 surpris   7 La suprématie   8 (*here*) *is a thing of the past*   9 sauf   10 *scriptwriters*   11 *Distraught*   12 *boastful*   13 (*here*) *picks to pieces*

QUESTIONS A CONSIDERER

1. De nos jours où est-ce que les cinéastes américains cherchent les idées pour leurs films, selon le critique?

2. Ce phénomène est-il récent? Y a-t-il eu une évolution?

3. Quelle période était le bon vieux temps pour Hollywood selon le critique?

4. Comment le critique compare-t-il le Hollywood d'aujourd'hui et celui d'hier?

5. Pourquoi les écrivains européens sont-ils maintenant flattés?

6. Quel est le ton du critique? De quelle manière parle-t-il aux lecteurs?

7. Avez-vous vu un des «remakes»? Si oui, pensez-vous que le film soit réussi? Pourquoi ou pourquoi pas?

8. A votre avis, un remake peut-il être meilleur que le film original? Pourquoi ou pourquoi pas?

EATING ou LE DERNIER SECRET DES FEMMES de Henry Jaglom (USA 1990)

DOCUMENTAIRE
COMPTE RENDU D'UNE PERSPECTIVE TECHNIQUE
CINEMATOGRAPHIQUE

Manger trop, pas assez, en se cachant, manger à contretemps[1], à contre-courant[2], manger selon trente-huit femmes américaines (de Californie), toutes empoisonnées par le rapport obsessionnel qu'elles entretiennent avec la nourriture (la nourriture, c'est l'autre). Henry Jaglom en grand manitou[3] invisible derrière l'objectif[4] de la caméra affiche résolument un souci documentaire: mise en scène[5] très frontale, série de plans[6] fixes sur ces femmes réunies pour parler d'un problème qui touche de très près au corps et à l'image du corps (donc forcément violent, surtout au regard du puritanisme ayant cours aux USA). Pour donner une crédibilité à cette séance de psychanalyse (ou d'exorcisme) sauvage, le réalisateur a placé dans le film une jeune femme française qui fait un documentaire sur le rapport des femmes à la nourriture. Le principe de l'interview permet de mimer la posture de la cure psychana-lytique, où le patient parle et s'écoute tout à la fois, avec un rapport d'hystérie au médium-caméra (ces femmes sont pour la plupart aussi des actrices, sensibles à ce problème). En réduisant la fiction à sa plus simple expression, Jaglom a voulu laisser une marge d'improvisation à ces femmes qui témoignent[7] ouvertement de leur tragédie intime et de leur idéal, pris en otage dans le modèle culturel, imposé par les magazines

---

1 *at the wrong time*   2 *contrary to general tendencies*   3 personne très impor-tante   4 *lens*   5 *production*   6 *camera shots*   7 révèlent

aux Etats-Unis, où la minceur est le corrélatif nécessaire et suffisant de la beauté. Il y a dans le film une hystérie insupportable, un aveu de solitude, une logorrhée[8], un vomissement de paroles proches du cri, qui exprime littéralement une relation impossible aux actes les plus simples, et à soi-même.

(*Cahiers du cinéma*)

8 dialogue rapide et difficile à comprendre

QUESTIONS A CONSIDERER

1. Est-ce que le critique considère le film comme un succès? Comment le savez-vous?

2. Si oui, à qui est-ce que le critique attribue le succès de ce film?

3. Pourquoi le réalisateur a-t-il choisi une mise en scène «frontale»?

4. Quel est l'effet des plans fixes du film, selon le critique?

5. Que veut dire «avec un rapport d'hystérie au médium-caméra»? Comment sont ces femmes/actrices dans le documentaire?

6. Quel jugement le critique porte-t-il sur la société américaine? Est-il juste à votre avis?

7. Avez-vous envie de voir ce film maintenant? Pourquoi ou pourquoi pas?

Lisez les trois comptes rendus suivants. Identifiez le genre probable du film analysé et la perspective du critique qui écrit, c'est-à-dire, quels aspects cinématographiques l'intéressent? Quelle est son opinion générale du film?

L'Œil de Vichy

CLAUDE CHABROL

France, 1940–1944: le pays est occupé par les Allemands. On connaît cette période, notamment grâce au mémorable *Le chagrin et la pitié*, qui a fait «un malheur» dans les salles de cinéma parce que la télévision n'en a pas voulu. Le sujet est triste et passionnant. Pour le traiter, Chabrol a choisi la sobriété. Il a sélectionné les actualités cinématographiques de l'époque. Elles sont d'une éloquence ahurissante[1]. Pétain, Laval, la collaboration, la propagande officielle éhontée[2]: tout est là. Révoltant et vrai.

(*Phosphore*, avril 1993)

1 *dumbfounding*   2 *shameless*

Le genre du film: _____

La perspective du critique (choisissez: les aspects psychologiques / les aspects historiques / la technique cinématographique / le scénario du film / autre): _____

L'opinion du critique: _____

Malcolm X

SPIKE LEE

    Avant même le tournage de cette biographie du leader noir américain, assassiné dans les années soixante, on savait déjà tout des conflits, des rumeurs, des humeurs[3] et des procès relayés et orchestrés par Spike Lee, réalisateur de *Do the right thing*. Fin 1992, *Malcolm X* est sorti aux Etats-Unis dans la tempête médiatique. A-t-on vraiment mérité de s'infliger un tel pensum[4] (3h20)? Sans doute, ramené à un format normal, en évacuant mégalomanie et afféterie[5], l'odyssée du leader noir aurait-elle transporté les spectateurs. Las[6], même l'excellent Denzel Washington dans le rôle titre n'arrive pas à nous émouvoir.

(*Avantages*, avril 1993)

---

3 *moods*   4 *imposition*   5 *affectations*   6 *Alas*

Le genre du film: _____

La perspective du critique (les thèmes du film / la violence / la technique cinématographique / l'industrie cinématographique / autre): _____

L'opinion du critique: _____

Le Temps d'un week-end

**DE MARTIN BREST AVEC AL PACINO, CHRIS O'DONNELL
(ETATS-UNIS, 2H 36, SORTIE LE 24 MARS)**

Al Pacino version *Parfum de femme*, aveugle teigneux[7], grandiose, démesuré[8] et seigneur. Chris O'Donnell est un enfant du *Cercle des poètes disparus*. Ensemble, ils vont passer un week-end dans un palace. La greffe[9] prend, l'amitié suit. A défaut d'originalité, Al Pacino tient le film et le spectacteur sur ses épaules.

(*20 Ans*, avril 1993)

7 (*here*) méchant   8 *unmeasured, huge*   9 *graft*

Le genre du film: _____

La perspective du critique (les personnages / les réactions personnelles du spectateur / la technique cinématographique / la sexualité / autre): _____

L'opinion du critique: _____

EXERCICE Votre faculté d'observation. Dans les six comptes rendus précédents, soulignez en couleurs différentes les parties du compte rendu.

Marquez en rouge: l'intrigue.

Marquez en bleu: les jugements du critique.

Marquez en noir: les critères de ce jugement.

Marquez en vert: les thèmes du film.

Quel compte rendu vous semble le meilleur? Quelle «couleur» domine ce compte rendu? Observez les différentes combinaisons de «couleurs». Laquelle préférez-vous? Quel compte rendu aimez-vous le moins?

VERS UN STYLE A VOUS

Le Discours indirect: Comment rapporter les remarques d'un(e) autre.

1. Il faut changer les pronoms et les mots possessifs.
    Charles dit: «**Je** vais chez **mes** amis.» ➤ Charles dit qu'**il va** chez **ses** amis.
    Jodie Foster dit: «**Ma** vraie satisfaction, c'est que **mes** deux oscars...» ➤
    Elle dit que **sa** vraie satisfaction c'est que **ses** deux oscars...

2. Souvent, comme en anglais, le temps du verbe subordonné changera.

Jodie Foster dit fermement: «On **va** le faire ce film, et il **va** vous rapporter au moins trente millions de dollars.» ➤ Elle a dit fermement qu'on **allait** le faire ce film et qu'il **allait** [vous] rapporter au moins trente millions de dollars.

Jodie Foster dit: «Je ne **suis** pas une rebelle.» ➤ Elle a dit qu'elle n'**était** pas une rebelle.

Verbe principal au passé	Verbe subordonné Discours direct	Discours indirect
a dit	présent ➤	imparfait
a déclaré	imparfait ➤	imparfait
a rapporté	passé composé ➤	plus-que-parfait
a suggéré	plus-que-parfait ➤	plus-que-parfait
a répondu	futur ➤	conditionnel présent
a expliqué	conditionnel présent ➤	conditionnel présent
a affirmé	futur antérieur ➤	conditionnel passé
a crié	conditionnel passé ➤	conditionnel passé
a précisé	subjonctif ➤	subjonctif
a ajouté	impératif ➤	subjonctif ou infinitif
a noté		

3. Si le verbe subordonné est à l'impératif, on choisit entre l'infinitif ou le subjonctif.

L'impératif ➤ l'infinitif

Discours direct
Il **dit**: «**Arrivez** au cinéma à 21 heures!»

Elle **dit**: «**Viens** voir ce polar!»

Discours indirect
Il vous **a dit** d'**arriver** à 21 heures.

Elle me **conseille** de **voir** ce polar.

L'impératif ➤ le subjonctif

Discours direct
Le cinéaste **dit**: «Ne **lisons** pas» les critiques!

Elle **dit**: «**Choisissez** un bon film pour ce soir.»

Discours indirect
Le cinéaste **défend** que nous **lisions** les critiques.

Elle **conseille** qu'on **choisisse** un bon film pour ce soir.

Attention: Verbes suivis du subjonctif:
Il commande que / Il conseille que / Il défend que / Il demande que / Il exige que / Il insiste pour que / Il ordonne que / Il souhaite que

4. Les verbes **croire** et **penser** au négatif ou à l'interrogatif sont aussi suivis du subjonctif.

Il **ne croit pas** que son film **réussisse**.
Le comédien **ne pense pas** que son personnage **soit** facile à interpréter.
Les critiques **ne croient pas** que le film **soit** crédible.

5. Les questions directes sont transformées en questions indirectes par l'expression **vouloir savoir si**.

Discours direct	Discours indirect
«Est-ce que le film joue demain?»	Je **voudrais savoir si** le film joue demain.
Elle demande: «As-tu vu ce film?»	Elle **voudrait savoir si** tu as vu ce film.
Le réalisateur demande: «A-t-elle accepté?»	Il **voudrait savoir si** elle a accepté.

EXERCICE   Ecrivez les phrases suivantes en discours indirect.

1. «Le film que nous avons vu m'a beaucoup plu.»
   Il a déclaré que...

2. «J'aurais pu aller au cinéma si l'horaire avait été différent.»
   Il a expliqué qu'...

3. «J'avais cru que tu n'aimais pas les films d'horreur.»
   Il a répondu qu'...

4. «Je présenterai mon film au festival de Cannes.»
   Le réalisateur a précisé qu'...

5. «Je pensais que Tom Cruise faisait partie de la distribution.»
   Elle a dit qu'...

6. «Avez-vous lu le scénario?»
   Le critique...

7. «Il faut que j'obtienne un avis plus critique que le tien pour me décider à voir ce film.»
   Elle a dit qu'...

8. «Ne manque pas notre rendez-vous à 9h car c'est la dernière séance.»
   Il m'a recommandé de...

9. «Je suis certain que ce film obtiendra au moins le grand prix du jury.»
   Il a déclaré qu'...

10. «N'arrivez pas en retard au festival de Cannes.»
    Notre ami défend que...

11. «Je ne comprendrais rien à l'intrigue si je n'avais pas lu le livre.»
    Il a noté qu'...

12. «Les effets spéciaux auraient pu être plus soignés.»
    Il a noté que...

13. «Dans quelques années ce film sera considéré comme un chef-d'œuvre du
    7e art.»
    Il a parié que dans quelques années...

14. «Finit-on le trucage ce soir?»
    Le technicien...

15. «Quand je serai grand je serai acteur de cinéma.»
    Il a dit que ...

16. «J'ai été déçu par le dernier film de Luc Besson.»
    Il a dit qu'...

17. «J'aurais préféré que le film soit plus court.»
    Elle a dit qu'...

• Lisez l'interview suivante. Vous aurez à l'écrire en discours indirect plus tard.

Interview: La Foster

Petit tailleur noir, chaussures plates, visage éclatant, elle est vraiment très smart, Jodie Foster. 30 ans, 28 films, 2 Oscars, cette jeune-célibataire-bien-sous-tous-rapports est aujourd'hui la femme la plus admirée d'Hollywood. De passage à Paris pour parler de Sommersby, le remake américain du Retour de Martin Guerre (transposé à l'époque de la guerre de Sécession), Miss Foster a répondu à nos questions dans un français impeccable.

20 Ans: Dans *Sommersby*, votre personnage est une femme libre avant la lettre. C'est ce qui vous a poussée vers elle?

C'est une femme peu conventionnelle dans une société qui l'est complètement. Ce qui est intéressant chez Lauren, c'est qu'elle n'est pas faite d'un seul bloc... Elle est très nuancée...

20 Ans: C'est une rebelle, comme vous?

Je ne suis pas une rebelle... Je suis dans le système... Si on est en marge, on n'arrive à rien. Ce qui est intéressant à Hollywood en ce moment, c'est que ça bouge: beaucoup de femmes sont en train d'infiltrer le système...

20 Ans: Quelle est la situation des femmes dans le cinéma américain?

Des films comme *Thelma et Louise* ou *Le Silence des agneaux* ont fait progresser les choses: avant, on n'avait jamais vu des noms de femmes, leurs noms seuls, au-dessus du titre. C'est sûr, ce n'est pas «le Deuxième Sexe» de Simone de Beauvoir, mais ça provoque quand même une fracture.

20 Ans: Y a-t-il une «métho-de» Jodie Foster?

Le travail, douze heures par jour... Je lis tout... Les rôles pour les femmes sont de plus en plus rares. Il n'y a qu'à voir les difficultés qu'ils ont eues à l'Académie pour nominer quatre malheureuses actri-ces pour les prochains Oscars. C'est affreux... Le cinéma est en train de tomber en ruine sous nos yeux...

20 Ans: Etes-vous une «femme de fer»?

Une femme d'affaires plutôt. Je suis dans ce métier depuis si longtemps.

20 Ans: Comment faites-vous pour si bien verrouiller votre vie privée?

Ce n'est pas si difficile. C'est comme être le fils d'un Kennedy, ça s'apprend.

- Choisissez le verbe au temps correct pour rapporter les réponses de Jodie Foster dans l'interview dans ce paragraphe.

Quand un journaliste (demander) ＿＿ à Jodie Foster ce qui la (pousser) ＿＿ vers le personnage de Lauren dans *Sommersby* elle (répondre) ＿＿ dans un français impeccable que Lauren (être) ＿＿ peu conventionnelle dans une société qui l'(être) ＿＿ complètement.

Elle (expliquer) ＿＿ qu'elle n'(être) ＿＿ pas une rebelle. Elle trouve intéressant à Hollywood que ça (bouger) ＿＿. Elle (dire) ＿＿ que les films comme *Thelma et Louise* ou *Le Silence des agneaux* (faire progresser) ＿＿ les choses puisqu'on (voir) n'＿＿ jamais ＿＿ de noms de femmes seuls au-dessus du titre auparavant. Elle ne (croire) ＿＿ pas que ce (être) ＿＿ «le Deuxième Sexe» de Simone de Beauvoir, mais elle (penser) ＿＿ que cela (provoquer) ＿＿ quand même une fracture.

- Rapportez en discours indirect les réponses de Jodie Foster aux trois dernières questions. Vous avez la liberté de résumer légèrement en même temps.

VOCABULAIRE SUR LE CINEMA

les cinéastes

cinéaste (m) *filmmaker*

cascade (f) *stunt*

   cascadeur (m) *stuntman*

comédien / acteur

comédienne / actrice

interprétation (f) des rôles

metteur en scène (m) / réalisateur (m)

mise en scène (f) *production*

personnage (m) *character*

scénario (m) *script*

scénariste (m/f) *scriptwriter*

séquence (f) *scene*

le son

bande son (f) *sound track*

bruitage (m) *sound effects*

dialogue (m)

   dialoguiste (m)

voix off (f) *voice-over*

les images

image (f)

   au ralenti

   en accéléré

   floue

   nette

décor (m)

   décors intérieurs

   décorateur (-trice)

plan (m) *shot*

premier plan (m) *foreground*

gros plan (m) *close-up*

arrière-plan (m) *background*

costume (m)

maquillage (m) *makeup*

le montage

- montage (m) *editing*

  effets (m) spéciaux

  flash-backs (m)

- coupe à/de (f) *cut to/from*

- fondu (m) *fade*

  - fermeture en fondu, ouverture en fondu

  mixage (m) *sound mixing*

  technicien (m)

- trucage (m) *trick photography, special effect*

  critique de cinéma (m) *film critic*

  critique (f) *criticism, critique*

  amateur (m) de cinéma

  cinéphile (m)

  pop-corn (m)

REDACTION

PUBLIER UN «CINESCOPE» LOCAL

A. Afin de rendre service aux étudiants francophones de votre université vous devez préparer un guide des films disponibles. Choisissez un film récent ou une cassette vidéo disponible pour les étudiants et préparez-vous à écrire un compte rendu du film pour des lecteurs francophones. Avant d'écrire, considérez tous les aspects suivants. (Vous pouvez sélectionner les éléments les plus importants plus tard.)

METHODE DE TRAVAIL Avant de regarder votre film, lisez les questions suivantes. En regardant votre film, prenez des notes détaillées. Si possible, il est préférable de le visionner plusieurs fois.

Répondez aux questions sur le film de votre choix.

La musique

Quelle sorte de musique est employée dans le film?

Quels instruments? Quelles voix? Quel style de musique? Quels en sont les effets? Par exemple, la musique symbolise-t-elle un personnage? une émotion? un événement?

La couleur

Quel éclairage est employé? clair? sombre? gai? Quel effet produisent les couleurs? Est-ce que le réalisateur emploie une couleur comme symbole?

La mise en scène

La caméra crée des images comme des photos. Quels sont les effets de ces images? Choisissez une ou deux séquences à décrire en détail. Quels sont leurs décors? Quel est l'emplacement des objets et des personnages? Où sont les personnages dans l'image? L'effet est-il beau? agréable? laid? effrayant? Pourquoi?

Quelles techniques cinématographiques vous influencent? S'il y a un flash-back, comment est-il introduit et dans quel but?

La distance de la caméra

Donnez un exemple détaillé de plan éloigné. Quel en est l'effet? Donnez un exemple détaillé d'un très gros plan. Qu'est-ce que vous voyez? une seule personne? une main? un objet? Pourquoi? Qu'est-ce que vous ne voyez pas? Selon le réalisateur Jean-Luc Godard, le gros plan a été inventé pour la tragédie et le plan éloigné pour la comédie. Pouvez-vous trouver des éléments qui confirment ou contredisent ce principe?

La lumière

Trouvez une séquence ou deux où la lumière aide à créer une atmosphère. Est-ce qu'elle crée un ton ou prédit un événement comme, par exemple, les ombres dans un film d'horreur?

Un personnage et sa caractérisation

Quels sont les traits physiques d'un personnage intéressant? les traits sociaux? Comment découvrez-vous ces traits? Détaillez un exemple de sa façon de parler, ses attitudes, ses gestes, son âge.

L'intrigue

Résumez l'histoire en quelques phrases. Faites attention à chaque action indispensable à l'enchaînement narratif.

B. Votre point de vue

Votre compte rendu doit révéler clairement vos idées à vos lecteurs.

Quelques-unes des décisions à prendre en écrivant votre compte rendu incluent:

Votre première phrase

La première phrase doit provoquer immédiatement l'intérêt de vos lecteurs. Comment va-t-elle attirer leur attention?

Votre opinion du film sera-t-elle évidente tout de suite?

Lisez toutes les premières phrases des comptes rendus précédents. Quelles introductions préférez-vous?

Vos lecteurs

Vos lecteurs ne sont pas américains. Ils connaissent moins bien que vous la culture américaine. De quoi ont-ils besoin pour comprendre ou apprécier le film ou votre critique du film?

Un bon compte rendu s'adresse aux lecteurs comme à des amis. Comment pouvez-vous établir un ton familier et amical?

Comment pouvez-vous convaincre vos lecteurs de votre point de vue?

Quelles attitudes ou opinions avez-vous présumées de la part de vos lecteurs?

Votre jugement

Pourquoi aimez-vous ou n'aimez-vous pas ce film?

Comment le jugez-vous?

Quels critères employez-vous?

• Faites une liste dans votre dossier des qualités ou des défauts du film en écrivant « _____ est un bon/mauvais exemple de _____ parce que _____ ».

(N'oubliez pas que vos critères diffèreront probablement selon le genre du film.)

Votre organisation

Si vous avez plusieurs raisons pour aimer ou ne pas aimer un film, comment organiserez-vous ces raisons dans votre compte rendu? de la raison la plus forte à la plus faible? de la raison la plus prévisible à la plus imprévisible?

Choisirez-vous de comparer le film à d'autres films?

Votre résumé

Quel pourcentage de votre compte rendu constituera le résumé de l'intrigue?

Votre perspective

Quel(s) aspect(s) du film vous intéresse(nt)? Pourquoi?

Retournez maintenant à vos réponses de l'exercice A aussi.

Les réponses aux deux exercices formeront vos premières notes pour votre compte rendu.

Sélectionnez les éléments les plus importants maintenant et... écrivez votre compte rendu!

COMMUNICATION

Echangez votre compte rendu avec celui d'un(e) camarade de classe.

Considérez les points suivants en lisant son compte rendu et répondez soigneusement pour aider l'auteur à améliorer sa rédaction.

Choisissez parmi les propositions suivantes et répondez au questionnaire...

Le Compte rendu d'un film

Le jugement sur le film est clair et juste.	Toujours	Souvent	Quelquefois	Non
Les critères sont expliqués.	Toujours	Souvent	Quelquefois	Non
Les comparaisons sont bien utilisées.	Toujours	Souvent	Quelquefois	Non
Faut-il en ajouter ? _____				
Faut-il en éliminer? _____				
Le résumé de l'intrigue est	insuffisant	suffisant	trop long	
Le langage est clair, sans ambiguïté.	Toujours	Souvent	Quelquefois	Non
Le ton est familier et l'auteur parle directement au lecteur (sans employer «il me semble», «je crois» ou «je pense»)	Toujours	Souvent	Quelquefois	Non

Encerclez les arguments qui sont des expressions d'émotion (ce film me dégoûte) au lieu de faits qu'on peut examiner et prouver (la lumière est sombre). Pensez-vous qu'il faut les remplacer?

Soulignez les meilleurs aspects du compte rendu.

Encadrez les aspects du compte rendu qui sont les plus faibles.

Suggérez un ou deux titres pour ce compte rendu.

Suggérez d'autres changements pour améliorer ce compte rendu.

Complétez cette phrase «J'ai envie /Je n'ai pas envie de voir ce film parce que

_____.»

REVISION

A. Dans votre compte rendu...

Marquez l'intrigue en rouge.

Marquez vos jugements en bleu.

Marquez vos critères pour ces jugements en noir.

Marquez les thèmes du film en vert.

Comparez la distribution des parties de votre compte rendu avec celle des autres comptes rendus. En êtes-vous satisfait(e)? Si nécessaire, faites des modifications à votre compte rendu.

B. En utilisant le questionnaire de votre partenaire, corrigez les éléments nécessaires dans votre compte rendu.

C. Pour chaque problème que vous identifiez dans votre compte rendu, recherchez comment les auteurs des autres comptes rendus de ce chapitre ont résolu ce problème. Est-ce une solution possible pour vous?

Comment avez-vous terminé votre compte rendu? Comparez votre dernière phrase avec celles des autres comptes rendus que vous avez lus. Etes-vous satisfait(e) du style?

AUTO-CORRECTION

Après avoir rédigé votre compte rendu, révisez la copie finale pour les fautes d'orthographe et de grammaire.

Vérifiez:

La ponctuation

L'orthographe

L'accord: genre/nombre

La logique des temps verbaux

Le résultat: un compte rendu prêt pour la publication!

CHAPITRE 7

LE RECIT

INTRODUCTION

Souvent on écrit des récits qui recréent des épisodes de notre vie ou de la vie de gens proches de nous. Pourquoi raconte-t-on des incidents de sa propre vie? C'est parfois amusant, et parfois instructif. En examinant les forces qui conditionnent sa vie, on peut arriver à mieux se connaître. Autrement dit, réfléchir sur le passé peut nous aider à comprendre le présent et à préparer le futur.

Écrire nos expériences, ou lire celles d'autres personnes, nous permet aussi d'étendre notre compréhension des autres. On découvre des similarités et des différences entre sa vie et celle des autres. On peut ainsi mieux comprendre divers sentiments, pensées, valeurs, et apprécier davantage l'influence de la race, du sexe, de l'âge et de la classe sociale sur sa vie et ses rapports avec les autres.

En écrivant sur soi-même, on construit une image de soi que l'on présente aux autres. Parfois cela implique un risque, parfois non. Ne vous inquiétez pas si votre mémoire vous semble imparfaite: si l'on se souvient de tout d'une façon trop précise, on ne peut pas écrire avec imagination, car alors les détails l'emportent et l'essentiel est perdu.

Pour présenter une histoire de façon efficace il faut apprendre à organiser et faire évoluer l'action afin de créer une tension dramatique pour le lecteur. Il faut aussi apprendre à utiliser les descriptions de scènes et de personnages pour rendre l'histoire plus vivante.

A. **Votre Sujet** Tout le monde raconte ses histoires personnelles. Quelles sont vos expériences de conteur de la vie de votre famille? Répondez aux questions suivantes.

1. Qui raconte les récits dans votre famille?

2. Où sont-ils racontés? (à table? au salon?)

3. Quand sont-ils racontés? (les jours de fête? au dîner?)

4. Dans quel but (*goal*) sont-ils racontés?

5. Y a-t-il un membre de la famille qui est souvent le sujet des récits?

6. Avez-vous été «immortalisé(e)» dans un récit familial? Lequel?

Comparez les résultats avec des camarades de classe. Soulignez les similarités et encerclez les différences. Notez la diversité d'une famille à une autre. Ces récits familiaux constituent les premières influences sur vos opinions sur le récit et voici les matériaux avec lesquels vous pourrez créer vos récits.

B. **La Structure des Récits** Dans le chapitre 3 vous avez lu et écrit des contes. Le conte est un récit qui suit certaines conventions très connues. En général, le récit est une catégorie plus vaste que le conte.

Les contes, comme celui qui suit, sont des récits dont le but est souvent d'illustrer une moralité. La technique du conte, comme on l'a déjà vu, est (1) de réduire l'unité du récit à un seul sujet précis, (2) de suivre l'intrigue dans un ordre chronologique, et (3) d'identifier clairement la voix du narrateur. On s'attend à ce que les actions de l'intrigue illustrent le **thème** de l'histoire.

L'ânon[1] et sa mère

L'ânesse[2], lourdement chargée et conduite par son maître en direction de la ville, était suivie de son ânon. A chaque étape du long voyage, le maître, pour la laisser brouter[3] dans les environs, déchargeait l'ânesse, mais elle n'en profitait nullement pour batifoler[4]. L'ânon, lui, courait, allait et venait, jouant et gambadant[5].

— Mère, ne peux-tu t'ébattre[6] comme moi?

— Non, mon fils.

— Et pourquoi?

— Tu le comprendras plus tard.

Le petit devint adulte et, pendant les déplacements, on le chargea autant que sa mère. A la pause, tous deux s'allongeaient côte à côte.

1 petit de l'âne   2 femelle de l'âne   3 manger l'herbe   4 *frolic*   5 *frisking about*   6 *gambol*

— Mon fils, questionna l'ânesse, pourquoi ne folâtres-tu[7] plus comme avant?

— Mais, ma mère, n'as-tu pas vu la lourde charge que j'ai portée sur le dos? Je ne pense plus à m'amuser après une telle fatigue!

— Eh bien! pour la même raison, depuis plusieurs années, je n'aspire qu'à reposer après mon travail.

Une expérience à ses dépens[8]
Fait mieux comprendre les parents.
Certains mots ne prennent un sens
Qu'à travers l'épreuve des sens.
C'est ce qui explique pourquoi
A l'enfant qui ne se tient coi[9]
En un leit-motiv irritant
On dit souvent: «Pas maintenant
Mais plus tard, quand tu seras grand!»

**Raconté par Mamby Sidibé dans *Contes populaires du Mali*
(Paris: Présence Africaine, 1982)**

---

7 *romp*   8 *costs*   9 *remains silent*

1. Employez les illustrations suivantes et racontez l'intrigue de l'histoire. L'intrigue réduit la vie du petit âne à deux périodes.

2. Quel est le (seul) sujet de ce conte?

3. Comment est-ce que le récit identifie clairement la voix du narrateur? Comment savons-nous que le «je» qui parle dans le conte n'est pas vraiment le narrateur?

4. Quel est le thème de l'histoire, c'est-à-dire quel message le narrateur veut-il faire passer?

TRAVAIL DE GROUPE

A. **Dessin abstrait à compléter**. Observez la scène suivante. Complétez l'image en dessinant des détails personnels. Ajoutez, par exemple, les détails d'un lieu important dans votre vie ou des personnages de votre vie. Que voyez-vous dans l'image? Ecrivez un récit qui s'y passe.

B. **Choisissez votre sujet.**

1. Commencez avec un inventaire de vos souvenirs d'enfance basés sur vos sens. Imaginez que vous avez cinq ans. Rédigez une liste des sensations de l'époque. Indiquez ce que vous...

   sentez:

   goûtez:

   voyez:

   entendez:

   touchez:

Expliquez et comparez votre liste avec celle d'un(e) partenaire. En écoutant votre partenaire, notez d'autres souvenirs qui pourraient être la source d'un récit personnel.

2. **Le/La plus.** Cherchez parmi vos souvenirs d'enfance plusieurs inspirations possibles. Vous rappelez-vous...

	le/la plus triste	le/la plus gai(e)	le/la plus solitaire	le/la plus effrayant(e)
la personne				
l'endroit				
la chose				
la sensation				
le moment de la journée				

3. **Mon premier.** Notez des souvenirs pour les catégories suivantes.

Mon premier souvenir

Mon premier voyage

La première fois que j'ai fait la connaissance de ____

Mon premier jour à l'université

Considérez toutes les possibilités précédentes de l'exercice B 1–3 comme sujet de votre récit. Réfléchissez à vos possibilités tout en lisant les passages suivants.

LECTURE I

L'auteur, Guy de Maupassant (1850–1893), est très connu pour ses récits simples, clairs et réalistes. Ses œuvres révèlent souvent une attitude pessimiste envers les êtres humains. Il a écrit presque 250 récits, surtout entre 1880 et 1890, mais il est mort dans un asile d'aliénés (*insane asylum*).

Considérez le titre du récit. Quelles sont vos réactions habituelles devant la peur des autres?

La Peur

setting

C'était l'hiver dernier, dans une forêt du nord-est de la France. La nuit vint deux heures plus tôt, tant le ciel était sombre. J'avais pour guide un paysan qui marchait à mon côté, par un tout petit chemin, sous une voûte[1] de sapins dont le vent déchaîné[2] tirait des hurlements[3]. Entre les cimes[4], je voyais courir des nuages en déroute, des nuages éperdus[5] qui semblaient fuir[6] devant une épouvante[7]. Parfois, sous une immense rafale[8], toute la forêt s'inclinait dans le même sens avec un gémissement de souffrance; et le froid m'envahissait, malgré[9] mon pas rapide et mon lourd vêtement.

Nous devions souper chez un garde forestier dont la maison n'était plus éloignée de nous. J'allais là pour chasser.

Mon guide, parfois, levait les yeux et murmurait: «Triste temps!» Puis il me parla des gens chez qui nous arrivions. Le père avait tué un braconnier[10] deux ans auparavant[11], et, depuis ce jour, il semblait sombre, comme hanté[12] d'un souvenir. Ses deux fils, mariés, vivaient avec lui.

beginning of action

Les ténèbres étaient profondes. Je ne voyais rien devant moi, ni autour de moi, et toute la branchure des arbres entrechoqués[13] emplissait la nuit d'une rumeur incessante. Enfin, j'aperçus une lumière, et bientôt mon compagnon heurtait[14] une porte. Des cris aigus de femmes nous répondirent. Puis, une voix d'homme, une voix étranglée, demanda: «Qui va là?» Mon guide se nomma. Nous entrâmes. Ce fut un inoubliable tableau.

Un vieux homme à cheveux blancs, à l'œil fou, le fusil[15] chargé dans la main, nous attendait debout au milieu de la cuisine, tandis que deux grands gaillards[16], armés de haches[17], gardaient la porte. Je distinguai dans les coins sombres deux femmes à genoux, le visage caché contre le mur.

On s'expliqua. Le vieux remit son arme contre le mur et ordonna de préparer ma chambre; puis comme les femmes ne bougeaient point, il me dit brusquement: «Voyez-vous, monsieur, j'ai tué un homme, voilà deux ans, cette nuit. L'autre année, il est venu m'appeler. Je l'attends encore ce soir.»

goal of the narrator

Puis il ajouta d'un ton qui me fit sourire: «Aussi nous ne sommes pas tranquilles.» Je le rassurai comme je pus, heureux d'être venu justement ce soir-là, et d'assister au spectacle de cette terreur superstitieuse. Je racontai des histoires, et je parvins[18] à calmer à peu près tout le monde.

---

1 *archway*   2 excité   3 cris furieux   4 sommets des arbres   5 *frantic*   6 *flee*
7 terreur   8 coup de vent violent   9 *in spite of*   10 *poacher*   11 avant
12 *haunted*   13 *knocking against each other*   14 *(here) was knocking at*   15 *rifle or shotgun*   16 hommes forts   17 *axes*   18 réussis

attempt by the narrator — complication

Près du foyer, un vieux chien, presque aveugle et moustachu, un de ces chiens qui ressemblent à des gens qu'on connaît, dormait le nez dans ses pattes.

Au-dehors, la tempête acharnée battait la petite maison, et, par un étroit carreau[19], une sorte de judas[20] placé près de la porte, je voyais soudain tout un fouillis[21] d'arbres bousculés par le vent à la lueur[22] de grands éclairs.

Malgré mes efforts, je sentais bien qu'une terreur profonde tenait ces gens, et chaque fois que je cessais de parler, toutes les oreilles écoutaient au loin. Las d'assister à ces craintes imbéciles, j'allais demander à me coucher, quand le vieux garde tout à coup fit un bond de sa chaise, saisit de nouveau son fusil, en bégayant[23] d'une voix égarée[24]: «Le voilà! le voilà! Je l'entends!»...

Extrait de *La Peur* dans *Œuvres complètes de Guy de Maupassant*, vol. 9 (Paris: Editions Louis Conrad, 1924)

---

19 petite fenêtre   20 *judas hole, peep hole*   21 *tangle*   22 lumière
23 *stammering*   24 *distraught*

Finissez l'histoire. Qu'est-ce qui s'est passé ensuite?

outcome?

_____

_____

_____

_____

_____

La conclusion ou le dénouement de l'histoire résout les conflits introduits dans le récit. Comparez votre «solution» avec les solutions d'autres étudiants de la classe.

Quelles sont les deux conclusions les plus différentes l'une de l'autre? Expliquez pourquoi elles sont si dissemblables.

L'INTRIGUE   Comment intéresser vos lecteurs à l'intrigue de votre histoire.

Remarquez **l'atmosphère d'instabilité** établie dans le premier paragraphe de *La Peur*. Le vent tire «des hurlements» et la forêt gémit «de souffrance». Le narrateur et son guide avancent au-dessous de nuages «éperdus» mais nous ne savons pas où ils vont. On pressent des problèmes, mais l'auteur n'a rien expliqué de ces problèmes. On ressent beaucoup de «mouvement» dans l'histoire, mais on doit attendre le développement de l'intrigue. Ensuite le guide révèle **le problème**: la mort du braconnier et le père qui est «comme hanté».

Trouvez toutes **les complications** dans l'extrait de *La Peur*. Chaque complication augmente **la tension** qui dirige l'histoire vers sa fin.

1. la «peur» de la nature dans la forêt

2. la rélévation de la mort du braconnier

3. _____

4. _____

5. _____

LE LIEU / LE DECOR

Sans relire la description du lieu, écrivez cinq ou six détails dont vous vous souvenez au sujet du décor.

_____

_____

_____

_____

_____

_____

Quelles impressions du lieu vous sont restées?

LES PERSONNAGES

Nommez les huit personnages et écrivez un ou deux adjectifs pour chacun:

_____

_____

_____

_____

_____

_____

_____

- Quel élément du récit est le plus important pour cette histoire? L'intrigue? Le décor? Le développement des personnages? Justifiez votre réponse.

L'auteur de cette histoire, Marie Cardinal, croit que tout roman est en dernière analyse une autobiographie et que chaque écrivain doit se confesser au lecteur pour réussir son œuvre. Etes-vous d'accord? Connaissez-vous d'autres histoires ou d'autres livres où l'écrivain a révélé des secrets de sa vie privée aux lecteurs? Comment avez-vous réagi? L'action dans cet extrait a lieu pendant la jeunesse de l'auteur (née en 1929) dans les années 40, en Algérie, colonie de la France.

Mère

Chaque année, à la Toussaint[1], j'accompagnais ma mère au cimetière. C'est là, au cours des années, que s'est creusée la faille[2] entre ma famille et moi.

Avant la guerre nous venions au cimetière en voiture et le chauffeur portait les paquets. Ensuite il nous fallait plus d'une heure et des changements de tram pour parvenir dans cet endroit escarpé[3] surplombant[4] la Méditerranée qui, là, loin des plages de la baie et à cause de la chute abrupte du sol dans la mer, était déjà sombre, profonde, mystérieuse. On la voyait de partout à travers les troncs et les feuillages des cyprès qui bordaient les allées. Odeur poivrée de ces arbres. Odeur fade des fleurs. Odeur marine. Odeur des morts. Odeur minérale de toutes ces dalles[5] au ras du sol[6] assaillant la montagne jusqu'à son faîte[7] où était plantée une basilique vouée à la Vierge au visage noir, vêtue d'une chape d'or, raide, hiératique[8] et portant son bébé assis sur son bras replié: Notre-Dame d'Afrique. Malgré le jaillissement[9] des croix au-dessus des tombes et des clochetons[10] au-dessus des chapelles, tout était écrasé entre le ciel énorme et la mer noire qui se réunissaient au loin, se mêlaient à l'horizon.

Sur ce lieu où tout soulignait l'anéantissement[11], l'insignifiance, l'ignorance, passait un petit vent marin heureux, vivant, gai, qui sentait bon, qui donnait envie de danser et d'aimer. Un air de fête. Particulièrement en ces jours de Toussaint avec l'abondance des fleurs, les toilettes des visiteuses et la lumière magique de l'automne ensoleillé.

Nous grimpions jusqu'à «notre» tombe, à mi-pente[12], à mi-falaise[13], surchargées de brassées[14] de chrysanthèmes et d'instruments de nettoyage qui se heurtaient[15] régulièrement dans un seau[16] métallique, cadençant notre marche.

---

1 *All Saints' Day*   2 *rift*   3 *steep*   4 *overhanging*   5 *tombstones*   6 *at ground level*   7 *summit*   8 sacrée   9 *springing up*   10 *pinnacles*   11 *annihilation* 12 *mid-slope*   13 *mid-cliff*   14 *armfuls*   15 *collided*   16 *bucket*

Chemin faisant ma mère détaillait les tombes et me montrait celles qui étaient belles et celles qui ne l'étaient pas. Elle s'arrêtait souvent et mettait en valeur pour moi la vulgarité ou la distinction qui avaient présidé à l'édification des différents monuments funéraires. Je sus ainsi rapidement que les fleurs artificielles, les angelots fessus[17] de porcelaine et les livres de marbre sur les fausses pages desquels s'incrustaient des photos en médaillons de défunts maquillés aux cheveux crantés[18] ou de défunts gominés[19] et pleins de santé, tout cela, que pour ma part je trouvais magnifique, c'était bon pour «les épiciers enrichis». Par contre, la simplicité dans la splendeur, la dalle de marbre rare avec une croix sans fioritures[20], ça c'était beau et discret. Les vieilles tombes abandonnées des débuts de la conquête l'attiraient, ainsi que les tombes des pauvres. Petits tumulus[21] de mauvaise herbe avec un verre à moutarde, contenant une ou deux fleurs en cellu-
loïd, enfoncé dans la terre, comme fiché[22] dans le nom-bril[23] décomposé du cadavre. Cela méritait qu'on s'arrête et qu'on prie. Devant les champs de ces misérables tombeaux elle disait: «Ils sont mieux là qu'ailleurs.» Ce que je traduisais par il vaut mieux être mort que pauvre. D'où les frayeurs[24] profondes qui me bouleversaient lorsque j'entendais dire par quelqu'un de la famille, à propos d'une dépense importante: «Si ça continue nous irons mendier dans la rue.»

Si elle était capable de faire des réflexions aigres-douces[25], parfois même cinglantes[26], sur les vivants, les morts, eux, étaient toujours l'objet de son attention affectueuse. Il y avait une complicité entre elle et la décomposition. Elle déposait au passage un chrysanthème, qu'elle prenait dans nos provisions, sur les tombes visiblement délaissées. Comme on donne un bonbon à un enfant, comme, d'un geste gentil, elle relevait parfois une mèche[27] qui tombait sur mon visage.

---

17 *big-bottomed cherubs*   18 *wavy hair*   19 *plastered with hair cream*
20 *embellishments*   21 *burial mounds*   22 *stuck*   23 *navel*   24 *fright*
25 *bittersweet*   26 *scathing*   27 *lock of hair*

Arrivée à notre tombe qui était la plus simple de tout le cimetière: une grande dalle de marbre blanc, sans croix, sans rien, avec juste un nom en haut à gauche, celui de sa petite fille, et deux dates: la naissance et la mort. Entre les deux il y avait eu onze mois de vie.

Elle s'agenouillait, elle passait la main sur la pierre comme pour une caresse et elle pleurait. Elle lui parlait: «Je vais te faire une belle tombe ma chérie, ce sera la plus belle. Je t'ai apporté les plus belles fleurs de Madame Philipars, les plus belles d'Alger. Ma petite chérie, ma toute petite fille, mon amour, ma pauvre enfant.»

Ma besogne[28] consistait à aller chercher de l'eau. Je faisais des allées et venues avec mon seau. Le chemin longeait l'ossuaire[29]: long et haut mur divisé en centaines de petites cases[30], chacune ayant son étagère pour permettre de poser des pots de fleurs ou des ex-voto[31] devant le compartiment. Je savais qu'on y mettait les ossements de ceux qui n'avaient pas de concessions à perpétuité[32]. J'avais très bien compris que c'était les pauvres, ceux aux tumulus de mauvaises herbes, qui passaient au bout de peu de temps dans ces tiroirs. Dans la vie ils grouillaient[33] dans les bidonvilles, une fois morts ils grouillaient dans l'ossuaire. Comme les autres: dans la vie ils avaient des villas, dans la mort ils avaient des tombeaux pour eux tout seuls, chaque famille bien séparée de ses voisines. C'était logique.

Les gens faisaient la queue avec leurs récipients. Le robinet[34] coulait lentement, par saccades, en crachant[35]. Si on l'ouvrait plus grand il jouait des tours.... Le gardien alerté arrivait en soufflant, disait qu'il ne fallait pas toucher le robinet, qu'il le réglait pour la dernière fois. Puis, comme un toréador qui pose des banderilles[36], les mains au bout des bras, les bras au bout des épaules, le corps plié en deux pour protéger le ventre, les pointes des pieds projetant le tout, le plus loin possible, il réduisait le débit du robinet qui se mettait à crachoter[37] à nouveau. Les gens reprenaient leur place dans la file. C'était long. Plus la matinée avançait, plus les cyprès sentaient fort.

A mon retour, le seau tirant mon bras, je la voyais qui ponçait[38] la pierre, elle la polissait, la brossait, la lavait. Ses belles mains étaient rougies par l'ouvrage. Son front était en sueur[39].

«Comme tu as été longue!

— C'est qu'il y a la queue au robinet.

— Chaque année c'est pareil.

— Vous voulez que je jette l'eau maintenant?

— Oui, et puis tu retourneras en chercher. »

---

28 travail   29 bâtiment où l'on conserve les os des morts   30 les compartiments
31 *commemorative plaque*   32 *cemetery plot held in perpetuity*   33 *swarmed*
34 *faucet*   35 *spitting*   36 *bullfighter's barbed darts*   37 *sputter*   38 *was rubbing down*   39 *sweaty*

J'agrippais le seau d'une main par le bord, de l'autre par le fond et j'en balançais le contenu sur la tombe. Cela faisait d'abord dans l'air et le soleil un éventail liquide et irisé qui, dans la seconde même, venait s'écraser sur le marbre et roulait en entraînant les débris, les poussières, les raclures[40], avec la souplesse et la puissance des lames de fond[41] qui passent par-dessus le môle[42] les jours de grosse mer. L'eau s'écoulait enfin sagement par les gouttières creusées à cet effet en contrebas de la dalle. La pierre déjà bien poncée à certains endroits était éblouissante.

Elle reprenait sa besogne et moi je repartais chercher de l'eau.

Pendant mes absences je savais qu'elle continuait à pleurer et à parler à son enfant. Au début, il y a longtemps, il paraît qu'elle venait là tous les jours. Maintenant, seize ou dix-sept années étaient passées depuis la mort de sa petite fille. Ce n'était plus pareil. Elle n'avait plus besoin de venir aussi souvent car, peu à peu, son bébé avait de nouveau poussé à l'intérieur d'elle-même et y vivrait à jamais. Elle en serait enceinte jusqu'à sa mort. Alors, j'imaginais qu'elles naîtraient à l'infini, ensemble, l'une berçant l'autre, flottantes, heureuses, folâtrant dans l'Harmonie, parmi des champs aériens de frésias où s'ébattraient[43] des ânes roses, des papillons bleus et des girafes de peluche. Elles riraient, elles dormiraient, rassasiées du mutuel et constant bonheur qu'elles se donneraient.

Au cimetière son enfant n'était donc plus que la grande plaque de marbre blanc. Au cours des discours qu'elle tenait à la pierre, il lui arrivait de l'embrasser avec une tendresse extrême. Dans ces instants j'aurais aimé être la pierre et, par extension, être morte. Ainsi m'aimerait-elle peut-être autant que cette petite fille que je n'avais jamais connue et à laquelle je ressemblais, paraît-il, si peu. Je me voyais allongée parmi les fleurs ravissante, inerte, morte, et elle me couvrant de baisers.

**Extrait de *La Clé sur la porte* par Marie Cardinal
(Paris: Editions Grasset & Fasquelle, 1972)**

40 *scrapings*   41 *ground swells*   42 *breakwater*   43 *would frolic*

QUESTIONS A CONSIDERER

1. Pourquoi, à votre avis, la fille croit-elle qu'elle s'est aliénée de sa famille au cimetière? Pourquoi est-ce que le récit commence avec cet aveu?

2. Dans cette histoire il y a très peu de développement dans la chronologie de l'intrigue. Dressez une liste des actions de l'histoire en ordre chronologique.

3. Si l'intrigue du récit n'est pas l'élément central à cette histoire, quels autres éléments narratifs sont plus essentiels? le lieu? le développement des personnages? d'autres?

4. Où est le cimetière? Quelles sortes de souvenirs de ce lieu sont les plus forts pour l'auteur?

5. Les souvenirs de ce lieu sont aigres-doux pour l'auteur. Comment le savez-vous?

6. Pourquoi la mère s'arrêtait-elle souvent devant les autres tombes? Qu'y faisait-elle? Quel aspect de sa personnalité est-ce que cela montre aux lecteurs?

7. Quelles tombes la mère n'aimait-elle pas? Quel aspect de sa personnalité est-ce que cela montre aux lecteurs?

8. Quelle était la réaction de la jeune fille aux remarques de sa mère au sujet des tombes des pauvres? Quel aspect du rapport entre la fille et la mère est-ce que cela montre aux lecteurs?

9. Pourquoi M. Cardinal dit-elle qu'il y avait «une complicité» entre sa mère et «la décomposition»? Etes-vous d'accord? Expliquez.

10. Quels sont les effets sur vous, le lecteur, de tous les détails sur le travail de la jeune fille au cimetière? Pourquoi, à votre avis, Cardinal offre-t-elle des détails précis sur tous ses mouvements au cimetière?

11. De quoi la jeune fille est-elle jalouse? Comment cette jalousie se manifeste-t-elle? Comment imaginez-vous les traces de cette émotion sur la jeune fille devenue adulte?

• **Le Développement des personnages: Le Test de la tache d'encre**

Mettez une goutte d'encre sur une feuille de papier. Pliez votre papier et pressez pour étaler l'encre. Ouvrez votre feuille et observez la forme ainsi créée.

Maintenant vous et vos partenaires sont soit le «je» (la jeune fille) de *Mère* soit sa mère. Un psychologue vous a montré la forme de la tache d'encre et vous a demandé de l'expliquer. Ecrivez (ensemble) la réponse de ce personnage. Que voit-elle dans la forme? Expliquez et comparez vos résultats avec les autres membres de la classe.

_____

_____

_____

_____

_____

_____

Comment raconter une histoire au passé

La plupart du temps nous racontons nos histoires personnelles au passé. Les événements se sont déjà passés, donc nous avons surtout besoin de verbes au passé: le passé composé, l'imparfait et le plus-que-parfait.

Nous pouvons imaginer notre récit comme un film. L'arrière-plan du scénario se raconte à l'imparfait; la chronologie des actions se raconte au passé composé.

L'Emploi du passé composé et de l'imparfait

IMPARFAIT	PASSE COMPOSE
conditions	action avec une durée définie
J'habitais en Algérie.	Ils ont vécu en Algérie pendant 15 ans.
I used to live in Algeria.	*They lived in Algeria for 15 years.*
I was living in Algeria.	*They did live in Algeria for 15 years.*
I lived in Algeria.	*They have lived in Algeria for 15 years.*
description	action qui a eu lieu une fois
La fête se passait en plein air.	Nous avons visité la France en 1992.
The party took place outside.	*We visited France in 1992.*
The party was taking place outside.	*We did visit France in 1992.*
actions habituelles	changement de condition
On allait souvent au cimetière.	Après le choc, il a fait une déprime.
We used to go often to the cemetery.	*After the shock, he got depressed.*
We went often to the cemetery.	
We would go often to the cemetery. (Attention : Ne confondez pas avec le conditionnel!)	

A. Lisez un autre récit personnel écrit par Marie Cardinal. Identifiez le temps verbal nécessaire pour chaque verbe au passé dans la version française.

No man <u>intervened</u> in my early years.... Of my father, whom I <u>had known</u> little because he <u>didn't live</u> with me and <u>died</u> during my adolescence, I <u>held</u> on to the memory of a dandy, with spats, hat, and cane. A small moustache, fine hands, a dazzling smile. I <u>was</u> afraid of him. I <u>knew</u> nothing of the male universe....

In my childhood, I would visit him with my governess. Later on, I <u>went</u> by myself to have lunch in between morning and afternoon classes at the school.

These <u>were</u> trying meals. When he <u>didn't frighten</u> me he <u>wearied</u> me. I <u>had</u> to pay attention to how I <u>moved</u> and to the words I <u>chose</u>. Often he would reprimand me, and I <u>understood</u> through these reprimands, that it <u>was</u> my mother he <u>wanted</u> to get at. My mother, who <u>was raising</u> me, <u>dressing</u> me, <u>educating</u> me. Yet I <u>felt</u> he <u>loved</u> me and <u>wished</u> me no harm.

My schoolwork <u>was</u> so important to him. He <u>would tell</u> me to learn everything: Latin, Greek, mathematics, all of it…. Though I <u>did</u> well, I <u>never would let</u> him see either my report cards or my exercise books. I <u>knew</u> I <u>was protecting</u> my mother, who <u>had</u> custody, and that I <u>was taking</u> her side.

I <u>saw</u> my parents together on only three occasions, the first of which <u>was</u> my Holy Communion. There they <u>were</u>, in the same room, at the same table, separate….

The second occasion <u>was</u> my initiation into the French Girl Scouts. It <u>was</u> out-of-doors; other parents <u>were</u> there. Mine <u>were</u> close together, but <u>did not speak</u>….

The third occasion <u>was</u> toward the end of his life, when I <u>was</u> about fifteen years old. He <u>had been spitting</u> blood. He <u>thought</u> he was dying and <u>sent</u> for my mother.

And then a few months later I <u>saw</u> them together again, but on this fourth occasion, he <u>was</u> dead.

Les choix entre le passé composé et l'imparfait dans les récits par Marie Cardinal est un exemple des choix que vous aurez à faire dans votre récit.

L'Imparfait et le passé composé

Les conditions (l'arrière-plan du «film»)

Mon père ne vivait pas avec nous.

Il me faisait peur.

Je ne savais rien de l'univers masculin.

Il avait la tuberculose.

La description (l'arrière-plan du «film»)

Cela se passait en plein air.

C'était vers la fin de sa vie.

Les actions habituelles/répétées ou qui continuent

Au cours de mon enfance j'allais chez lui avec ma gouvernante.

Je ne lui montrais jamais ni mes carnets ni mes cahiers.

Une action (même peut-être répétée) mais avec une durée définie et limitée

Je n'ai vu que trois fois mes parents ensemble.

Ensuite j'y suis allée seule, pour quelques déjeuners entre les cours du matin et ceux de l'après-midi.

Une action qui a eu lieu une seule fois

Ils se sont réunis pour assister à ma promesse de Guide de France.

Un changement de condition

Il a été malade. *[He **got** sick.]*

Attention

Certains verbes sont généralement à l'imparfait. Ce sont: avoir, être, connaître, savoir, pouvoir et vouloir. Leur sens change au passé composé.

---

avoir

J'avais douze ans.

I was 12 years old. (condition)

J'ai eu douze ans

I turned 12 years old. (event)

être

Il était malade.

He was sick. (condition)

Il a été malade.

He got sick. (event)

connaître

Ma mère connaissait le cimetière parfaitement.

My mother knew the cemetery perfectly. (condition)

J'ai connu le gardien du cimetière au robinet.

I met the cemetery guard at the faucet. (event)

savoir

Elle savait distinguer les tombes des riches de celles des pauvres.

She knew how to distinguish rich graves from poor ones. (condition)

J'ai su que son enfant est morte très jeune.

I discovered that her child died very young. (event)

pouvoir

Elle pouvait pleurer devant une simple dalle de marbre.

She could cry before a simple marble slab. (condition)

Elle n'a pas pu sauver son enfant.

She did not succeed in saving her child. (event)

vouloir

Elle voulait me faire comprendre le charme de la simplicité.

She wanted me to understand the charm of simplicity. (condition)

Une fois, j'ai voulu ouvrir l'eau mais le gardien ne m'a pas permis.

Once I tried to turn on the water but the guard wouldn't let me. (event)

L'Emploi du plus-que-parfait

On utilise le plus-que-parfait pour désigner une action qui précède une autre action au passé.

- J'ai expliqué au gardien que j'avais voulu toucher au robinet mais que je n'avais pu obtenir plus d'eau.

- Je n'avais jamais été au cimetière mais par la suite j'ai pu y retourner sans problème.

- J'avais vu le cortège et après j'ai connu un douloureux moment de déprime.

B. Maintenant lisez la version originale en français du récit de Marie Cardinal que vous avez déjà lu en anglais. Faites attention au choix des temps verbaux et expliquez les raisons pour le choix du passé composé ou de l'imparfait.

> Aucun homme n'est intervenu dans ma jeunesse....
> De mon père, que j'ai très peu connu, puisqu'il ne vivait pas avec moi et qu'il est mort au cours de mon adolescence, je gardais le souvenir d'un homme fringant, portant guêtres, chapeau et canne. Petites moustaches, belles mains, sourire éclatant. Il me faisait peur. Je ne savais rien de l'univers masculin.
> Au cours de mon enfance j'allais chez lui avec ma gouvernante. Ensuite j'y suis allée seule, pour quelques déjeuners entre les cours du matin et ceux de l'après-midi. Ces repas étaient difficiles. Quand il ne me faisait pas peur il m'ennuyait. Je devais faire attention à mes gestes, à mes mots. Il me reprenait souvent et, à travers ses réprimandes, je comprenais que c'était ma mère qui m'élevait, qui m'habillait, qui m'éduquait qu'il voulait toucher. Moi, je sentais qu'il m'aimait et qu'il ne voulait pas me faire de mal.
> Il était très attentif à mes études. Il me disait qu'il fallait tout apprendre: le latin, le grec, les maths, tout... Je ne lui montrais jamais ni mes carnets, qui étaient pourtant bons, ni mes cahiers. En faisant cela je savais que je défendais ma mère, qui avait le droit de garde, je me mettais de son côté.

Je n'<u>ai vu</u> que trois fois mes parents ensemble. La première fois, c'<u>était</u> à l'occasion de ma communion solennelle. Ils <u>étaient</u> dans la même pièce, à la même table, mais pas l'un près de l'autre.

La deuxième fois, j'<u>avais</u> douze ans, ils <u>se sont réunis</u> pour assister à ma promesse de Guide de France. Cela <u>se passait</u> en plein air, d'autres parents <u>étaient</u> présents. Les miens <u>étaient</u> près l'un de l'autre et ne <u>se parlaient</u> pas.

La troisième fois, c'<u>était</u> vers la fin de sa vie, j'<u>avais</u> une quinzaine d'années.... Il se <u>croyait</u> à la mort et <u>avait réclamé</u> ma mère.

Et puis, quelques mois plus tard, je les <u>ai vus</u> encore ensemble mais, pour cette quatrième fois, lui <u>était mort</u>.

Extrait de *Les Mots pour le dire* par Marie Cardinal
(Paris: Editions Grasset & Fasquelle, 1975)

C. Des souvenirs personnels.

Employez les indications suivantes pour écrire des paragraphes sur votre jeunesse. Ecrivez à l'imparfait les verbes *en italiques* et au passé composé les verbes **en caractères gras**.

1. Je / *habiter* à... Ma famille / *avoir* / une maison (un appartement)... Notre maison / *être*... Je / *vouloir* toujours une maison...

   _____

   _____

   _____

   _____

2. Pendant les vacances, je / *aimer*... avec... Parfois nous / *aller*.../ avec...

   _____

   _____

   _____

   _____

3. A l'âge de 10 ans, je / **être** / à... avec... Nous / **rester** /... jours... et nous...

   _____

   _____

   _____

   _____

4. Pour les réunions de famille nous / *aller*... / J'y / *retrouver* /... et nous / *jouer* ensemble...

_____

_____

_____

_____

5. Une année, nous / **déménager** / et je / **regretter**... Après quelque temps / je / **rencontrer**... / et la vie / **reprendre**...

_____

_____

_____

_____

6. Je / *faire* beaucoup de... et parfois nous / *partir* pour... Nous / *voyager*... et on / *manger*... avant de...

_____

_____

_____

_____

7. Un copain / *faire* rire / tout le monde quand il / *imiter* notre professeur (entraîneur, etc.). Une fois, il nous / **surprendre** / mais heureusement il / **rire** / aussi et tout / **se terminer**.

_____

_____

_____

_____

8. A douze ans, je / **être** / malade / et je / **manquer** l'école pendant... Tout le monde / *être* / très gentil et je / *trouver* que ce / ne pas *être* / si mal d'être malade.

_____

_____

_____

_____

_____

9. Pendant l'hiver, nous / *faire...* / ou nous / *faire...*

_____

_____

_____

_____

10. Je / **avoir** / une enfance très heureuse et je / **garder** / beaucoup de souvenirs de cette époque de ma vie.

_____

_____

_____

_____

D. Quel âge avez-vous maintenant? Oui, vous avez **cinq** ans maintenant! Parce que vous n'avez que cinq ans maintenant, décrivez ce qui se passe maintenant au **présent**. C'est-à-dire, imaginez-vous retourné(e) à votre enfance. Ecrivez ce que vous voyez (un lieu, le décor de cette scène dont vous vous souvenez) et ce que vous faites ou ce que font les autres autour de vous.

_____

_____

_____

_____

Echangez votre feuille avec un(e) partenaire en classe. Sur sa copie soulignez les actions et encerclez les descriptions et les actions habituelles.

Maintenant vous n'avez plus cinq ans, n'est-ce pas? Ecrivez le récit de votre partenaire. Qu'est-ce qu'il/elle a fait à l'âge de cinq ans? Ecrivez l'arrière-plan et les actions habituelles à l'imparfait et écrivez la chronologie des actions au passé composé.

_____

_____

_____

_____

Plusieurs éléments sont nécessaires à la construction d'un bon récit. Mais il n'y pas de formule magique à suivre pour composer votre récit. Employez le guide suivant pour vous inspirer en écrivant.

• Maintenant retournez à votre dossier et vos notes du *Travail de groupe* sur vos souvenirs d'enfance.

Y trouvez-vous des moments décisifs qui ont changé votre vie? Est-il possible que vos lecteurs aient vécu des expériences similaires (et seront donc capables de comprendre la vôtre)?

Y trouvez-vous un moment où vous avez découvert ou appris quelque chose de très important? Est-ce que les lecteurs pourraient apprendre ou apprécier la leçon?

Y trouvez-vous un incident plein d'humour? Voyez-vous la possibilité de le faire partager à vos lecteurs?

• Une fois que vous avez choisi un incident à raconter, écrivez pendant cinq minutes avec votre perspective d'aujourd'hui. Servez-vous des questions suivantes pour vous aider à commencer, mais continuez librement.

Comment ont réagi les personnages importants (y compris vous-même)? Pensez-vous maintenant que leur réponse était la bonne? Expliquez pourquoi ou pourquoi pas.

Que révèlent ces actions sur la personnalité des personnages à l'époque? Sont-ils différents maintenant? Que feraient-ils si l'incident se répétait aujourd'hui?

Comprenez-vous l'incident différemment maintenant et à l'époque?

Résumez votre attitude actuelle envers l'incident. Réfléchissez à la meilleure façon de montrer ces faits à vos lecteurs.

L'Intrigue et les actions

Considérez les différentes structures possibles pour votre récit. Voulez-vous suivre la chronologie des actions ou employer des flash-backs, par exemple? Révisez l'emploi de l'instabilité et des complications dans *La Peur* de Maupassant. Considérez ce que vous ferez dans le premier paragraphe pour captiver vos lecteurs.

Si l'histoire avance trop lentement sans tension dramatique, ajoutez des détails sur les gestes ou sur le mouvement des personnages. Variez la longueur des phrases.

Les Lieux

Considérez l'importance des lieux dans votre histoire. Le cadre joue-t-il un rôle dans l'histoire? Alors, donnez beaucoup de détails précis pour en donner une vision claire à vos lecteurs. Le récit pourrait-il se passer n'importe où? Alors, ajoutez des détails plus importants sur l'intrigue ou sur les personnages.

Le Développement des personnages

Considérez l'importance des personnalités. Que disent ces personnes? Le dialogue est-il rapide, court et direct? Révisez les stratégies qu'emploie Marie Cardinal pour nous révéler ses personnages. Elle prend beaucoup de risques en partageant des secrets personnels. Une histoire est presque toujours plus forte et plus intense quand l'auteur se révèle.

Le Point de vue

Parlerez-vous à la première personne (avec «je») comme Marie Cardinal? Si oui, vous pourrez réveler n'importe quelle émotion personnelle comme M. Cardinal, mais du point de vue d'une seule personne.

Parlerez-vous à la troisième personne (avec «il, elle» etc)? Cette technique est probablement la plus flexible pour l'auteur. Est-ce que le narrateur révèlera les pensées de tous les personnages ou seulement de certains? Si on choisit le point de vue d'un seul personnage, toute l'histoire devra être vue par ses yeux. Il connaîtra peut-être les pensées et les sentiments de certains autres personnages, mais pas de tous.

COMMUNICATION

A. Dans un groupe de trois, racontez votre récit à un(e) partenaire de classe. La première personne raconte, la deuxième écoute pour raconter après et la troisième note des questions sur les éléments de l'histoire qui ne sont pas assez clairs. Ecoutez quand la deuxième personne raconte votre histoire à la troisième, notez ce qui est changé et ce qui est omis de votre histoire. Comparez avec la classe quels détails des récits oraux sont changés et omis. Expliquez pourquoi ils le sont.

B. Examinez la liste suivante pour vous aider et, en classe, préparez un questionnaire pour évaluer les récits selon les critères établis par le groupe.

LE RECIT

Suggestions partielles de critères

- L'unité, la cohésion des éléments de la structure de l'histoire

- Une structure logique de l'intrigue

- L'emploi de la tension dramatique

- Un ordre chronologique logique (avec ou sans flash-backs)

- Un vocabulaire riche et varié

- Un vocabulaire imaginatif (sans trop de verbes «vides» comme **être**)

- Un choix de détails originaux et imaginatifs

- Assez de détails pour soutenir l'histoire

- Un ton logique pour le récit

- Un point de vue logique

- L'absence d'erreurs grammaticales

- Des phrases qui varient en longueur et qui ne sont pas monotones

Une fois que le questionnaire de la classe est écrit, échangez votre récit avec celui d'un(e) partenaire pour les évaluer.

REVISION

Si possible, laissez votre récit de côté pendant quelques jours. Quand vous relisez votre histoire, essayez de la lire comme un de vos lecteurs. Dressez une liste de questions possibles des lecteurs, puis relisez les questions de votre partenaire dans l'exercice *Communication A* à la page précédente.

Maintenant faites des modifications à votre récit pour mieux répondre aux questions des lecteurs. Faites attention à maintenir une tension dramatique: le lecteur doit vouloir connaître la résolution (s'il y en a) à la fin de votre récit.

Après les changements est-ce que les paragraphes sont encore bien cohésifs?

AUTO-CORRECTION

Finalement, relisez votre récit mot à mot. Regardez soigneusement les temps verbaux. Avez-vous choisi correctement le passé composé ou l'imparfait? Avez-vous assez d'expressions pour expliquer clairement la chronologie à vos lecteurs? (Révisez les extraits de Marie Cardinal.) Vérifiez l'orthographe, la ponctuation et les accords. Vérifiez une nouvelle fois le choix de vocabulaire logique.

Le résultat: un récit attirant et intéressant pour vos prochains lecteurs!

CHAPITRE 8

LE RAPPORT

INTRODUCTION

Quand vous prenez une position sur un sujet difficile, vous ne cherchez pas seulement à vous exprimer comme avec le portrait ou à informer vos lecteurs comme avec le compte rendu. Vous cherchez non seulement à donner votre opinion, mais aussi à persuader les autres de voir un problème de la même manière que vous et d'accepter votre solution au problème.

Dans la polémique il n'y a pas souvent de manière correcte ou incorrecte d'exprimer nos convictions, même si nous avons des convictions très fermes. Les opinions dépendent des faits mais aussi des croyances et des valeurs partagées. Pour convaincre, nos arguments doivent contenir des raisons logiques mais ils doivent aussi faire appel aux valeurs en commun.

Pour réussir, le rapport...

- insistera sur des raisons logiques soutenues par des justifications
- évoquera un sens de l'importance du problème et la nécessité d'une solution
- donnera l'impression que l'auteur est juste et raisonnable

Le rapport est utilisé dans la plupart des professions y compris le commerce, le gouvernement et l'enseignement. Son but principal est de résoudre un problème. Comme les comptes rendus, les rapports ne se contentent pas seulement de constater des faits, mais ils cherchent aussi à influencer et à orienter le lecteur vers une opinion, voire une décision.

A. Quels sont les problèmes dans votre université, dans votre communauté?

1. Parmi les sujets/problèmes suivants, quels sont ceux qui vous intéressent? Sélectionnez au moins trois sujets.

    - Le manque de parking

    - La circulation

    - Le rôle du sport dans la vie universitaire

    - La diversité culturelle (ou un manque de diversité culturelle)

    - Les tensions ethniques

    - La nécessité de l'étude des langues étrangères

    - L'étude de l'anglais comme langue étrangère à l'université

    - La qualité de l'anglais des professeurs étrangers

    - La hausse des frais d'inscription dans l'enseignement supérieur

    - Les boissons alcoolisées sur le campus

    - Les mesures de recyclage

    - L'abus de l'environnement

    - Le harcèlement sexuel

    - Le sida (information et prévention)

    - La faim, par exemple, le besoin de restos du cœur et de centres d'aide sociale

    - Le chômage

    - Le vandalisme

    - La régulation des naissances

    - La quantité des ordinateurs ou l'accès aux ordinateurs

    - La pureté de l'eau

    - Le bruit dans les résidences universitaires

    - D'autres? (Ajoutez vos idées à cette liste, peut-être un problème dans le domaine de votre spécialisation universitaire.)

2. Quel sujet est votre premier choix?

3. Ecrivez trois phrases illustrant vos connaissances sur le sujet sélectionné.

4. Etudiez ce sujet et écrivez trois questions auxquelles vous voudriez répondre.

B. En classe, faites ensemble une liste des problèmes à résoudre et une liste des questions importantes pour l'avenir de votre université ou de votre communauté. Dressez une liste des sujets que vous avez ajoutés à la liste précédente de l'exercice A.

TRAVAIL DE GROUPE

A. Identifiez les questions ou les problèmes qui vous intéressent portant sur les sujets figurant dans la nouvelle liste. Formez des équipes de trois étudiants selon les sujets qui vous intéressent. Voici votre équipe de travail!

Note: Souvent, au travail, on est obligé de rédiger des rapports avec des collègues. Les avantages de tels rapports sont importants: de nouvelles idées, le partage du travail, l'encouragement des autres. Dans votre dossier, vous écrirez des analyses du travail en équipe en même temps que votre propre rapport.

B. Créez un lexique. Préparez une liste du vocabulaire nécessaire à la rédaction du sujet. Vérifiez vos choix avec le professeur.

VERS UN STYLE A VOUS

A. La Voix passive

Si l'on ne peut pas (ou ne veut pas) commencer la phrase avec la personne ou la chose qui font l'action, il est possible de commencer avec la personne ou la chose qui subissent l'action. Dans la voix passive le sujet **subit** l'action exprimée par le verbe. (Dans la voix active le sujet **fait** l'action exprimée par le verbe.)

Voix passive

Les boissons alcoolisées **sont interdites**.

Une série de mesures **a été proposée** pour résoudre le problème.

La décision **sera prise** demain.

La ville de Washington **a été dessinée** à la fin du 18ème siècle.

Voix active

Le gouvernement municipal **interdit** les boissons alcoolisées.

L'assemblée **a proposé** une série de mesures pour résoudre le problème.

Le professeur **prendra** sa décision demain.

Pierre Charles L'Enfant **a dessiné** la ville de Washington.

L'agent (la personne ou la chose qui font l'action du verbe) est indiqué à l'aide de la préposition **par** ou de la préposition **de.**

La décision sera prise **par** le professeur.

Une série de mesures a été proposée **par** l'assemblée.

On emploie **de** avec les descriptions et les verbes de sentiment ou d'émotion.

Nous étions étonnés **de** ses remarques.

Il a été effrayé **de** son professeur.

Souvent la voix active est préférée à la voix passive.

L'examen a été fini par les étudiants. → Les étudiants ont fini l'examen.

Mais quelquefois on ne connaît pas l'identité de l'agent, et on utilise donc la voix passive.

La jeune fille a été kidnappée. (On ne sait pas par qui.)

Les résidences ont été construites en 1992. (On ignore par qui.)

Quelquefois on choisit de mettre l'accent sur la personne ou la chose qui subissent l'action du verbe:

Un climat de confiance a été finalement établi après le discours du maire. (On s'intéresse plus au climat de confiance qu'au maire.)

Les taxes locales seront diminuées cette année. (On ne s'intéresse pas tellement à savoir par qui.)

Bill Clinton a été élu président des Etats-Unis en 1992. (On n'a pas besoin d'ajouter «par les électeurs» parce qu'on le sait déjà.)

EVITER LA VOIX PASSIVE

Quand il n'y a pas d'agent connu, on peut éviter la voix passive en utilisant le sujet **on** (quand l'agent pourrait être une personne).

On a interdit les boissons alcoolisées sur le campus.

On a dessiné la ville de Washington.

Souvent on peut formuler la phrase avec un verbe pronominal (quand on parle d'un fait général ou d'une habitude).

Le vin s'achète au marché.

Cela ne se fait pas.

En espagnol, ça s'écrit comme ça se prononce.

LA FORMATION

La voix passive se forme avec le verbe **être** au temps voulu et le participe passé du verbe principal.

	Voix active	Voix passive
Infinitif	critiquer	être critiqué
Présent	je critique	je suis critiqué(e)
Imparfait	je critiquais	j'étais critiqué(e)
Futur	je critiquerai	je serai critiqué(e)
Passé composé	j'ai critiqué	j'ai été critiqué(e)
Plus-que-parfait	j'avais critiqué	j'avais été critiqué(e)
Futur antérieur	j'aurai critiqué	j'aurai été critiqué(e)
Conditionnel présent	je critiquerais	je serais critiqué(e)
Conditionnel passé	j'aurais critiqué	j'aurais été critiqué(e)
Subjonctif	que je critique	que j'aie été critiqué(e)

EXERCICE 1 Mettez les gros titres (*headlines*) suivants à la voix active.

1. BRITISH AIRWAYS N'EST PAS MIEUX TRAITE QU'AIR FRANCE PAR BRUXELLES

2. LA GUERRE N'EST PAS TRANCHEE PAR UNE SEULE BATAILLE

3. UNE TENTATIVE DE PUTSCH A ETE DEJOUEE (*thwarted*) PAR LE PRESIDENT FUJIMORI AU PEROU

4. HOMME D'AFFAIRE LYONNAIS EST ENTENDU PAR LE SERVICE REGIONAL DE POLICE JUDICIAIRE

5. LE MEURTRIER PRESUME D'UN JEUNE LYCEEN EST ECROUE (*imprisoned*)

6. DES EXTREMISTES SONT SOUPÇONNES DE L'ATTENTAT A LA GRENADE

7. UN TEMOIN IMPORTANT VA ETRE ENTENDU PAR LES ENQUETEURS

8. UN TERRORISTE A ETE CONDAMNE A 10 ANS DE PRISON

9. L'AMENDEMENT DU SENATEUR CHARASSE A ETE ADOPTE DANS LA NUIT DU 18 AU 19 NOVEMBRE

10. LA COUR D'APPEL DE VERSAILLES EST SAISIE DE L'AFFAIRE TOUVIER

11. LES LEADERS MONDIAUX SONT APPELES A SE PRONONCER SUR LA SOMALIE

12. L'ARMEE EST COMPROMISE PAR LES REVELATIONS D'UNE COMMISSION D'ENQUETE (Utilisez un verbe pronominal.)

EXERCICE 2   Mettez les phrases suivantes à la voix passive.

1. On a élu Mitterrand président de la République française en 1981.

2. On plaçait la Grande Pyramide parmi les sept Merveilles du monde.

3. Sartre a écrit *Huis clos* en 1944.

4. On centre la réflexion autour de la question de la bonne ou mauvaise utilisation sociale de la science.

5. On a manipulé l'élection.

6. On soulignera la faiblesse du gouvernement par les scandales financiers.

7. De Gaulle a décidé de se retirer parce qu'on a rejeté son référendum.

8. Soljenitsyne, qui a dénoncé le régime de Staline et le système communiste, a gagné un prix Nobel.

9. On évacue trois villages à cause de la tempête.

10. On a adopté le budget par 272 voix contre 265.

11. La force de l'ennemi nous a submergés et nous submerge.

 EXERCICE 3   Faites une liste de phrases à la voix active et leurs équivalents à la voix passive au sujet de vos recherches. Soulignez la version qui vous paraît préférable et expliquez pourquoi.

B. Cause et effet

Très souvent en écrivant un rapport on doit identifier les conséquences de certaines actions ou spéculer sur les causes probables de certains phénomènes. Pour vous aider à présenter de tels arguments à vos lecteurs d'une manière convaincante, étudiez les expressions de cause et effet ci-dessous.

Les conjonctions suivies de l'indicatif

car	comme
puisque (*since*)	c'est pourquoi
vu que (*seeing that*)	tellement... que
si bien que (*with the result that*)	parce que
étant donné que (*given that*)	c'est la raison pour laquelle
tant que (*so much, as long as*)	

La Résistance

De Gaulle était **tellement** populaire **que** tout le monde l'écoutait.

Il travaillait **tant qu'**il était toujours fatigué.

Le général de Gaulle a lutté contre la collaboration avec les Allemands. **C'est la raison pour laquelle** il symbolise la Résistance française.

Etant donné que la France était occupée par les Allemands, le général de Gaulle a utilisé la radio britannique pour lancer un appel aux Français.

Vu qu'une partie de la France était occupée par les Allemands, la liberté des Français était inexistante.

Les Etats-Unis ont soutenu la France en fournissant du matériel, **si bien que** la Résistance française a pu s'organiser.

Comme la France a procédé à des réformes économiques et sociales au lendemain de la Seconde Guerre mondiale, elle a pu surmonter ses difficultés.

Les conjonctions suivies du subjonctif

pour que	de (telle) manière que	de façon que

Les Restos du Cœur

Les restos du cœur existent **pour que** les pauvres aient de quoi se nourrir en hiver.

Les services sociaux tels que les centres d'aide sociale en France fonctionnent **de telle manière que** chaque individu dans le besoin ait une aide financière.

On doit accueillir les personnes qui viennent aux restos du cœur **de façon que** celles-ci se sentent à l'aise.

Prépositions

à cause de	grâce à	pour cause de (*on account of*)
faute de (*through lack of*)	en raison de	par suite de (*as a result of*)

Le Chômage

A cause des problèmes économiques, le taux de chômage a augmenté dans quasiment tous les pays.

Certains individus n'arrivent pas à trouver un emploi stable **faute de** qualification.

Il y a maintenant trois millions de chômeurs **pour cause de** crise économique.

C'est en raison de l'environnement familial que certains sont poussés à choisir tel ou tel métier sans penser à leurs propres aptitudes.

Grâce à l'allocation chômage certaines personnes sont aidées financièrement.

Nombreux sont ceux qui changent de carrière **par suite du** chômage.

EXERCICE 1   Transformez les deux phrases suivantes en une seule phrase en employant la conjonction entre parenthèses pour rendre plus clair le rapport de cause à effet.

1. De Gaulle a pu rallier les Français à la cause. Churchill l'a reconnu «chef de tous les Français libres». (vu que)

2. De Gaulle parlait aux Français par les émissions de la BBC. Les Anglais appelaient de Gaulle le «général-micro». (par conséquent)

3. Les Français étaient isolés. On se servait aussi de la radio pour donner des directives. (comme)

4. De Gaulle poursuivait une politique d'indépendance des Etats-Unis. La France a quitté l'OTAN en 1966. (puisque)

5. De Gaulle a gagné l'élection. Il est devenu le premier président de la Vème République. (donc)

6. De Gaulle a pu s'adresser aux Français par l'intermédiaire de la radio britannique. La Grande-Bretagne était un pays allié. (parce que)

7. Durant l'occupation, la France était divisée en deux parties. On distinguait la zone occupée de la zone libre. (c'est la raison pour laquelle)

8. Le général de Gaulle a lutté très activement contre la collaboration. Son nom est aujourd'hui assimilé à la Résistance. (si bien que)

9. La majorité des citoyens français a voté «non» au référendum proposé par de Gaulle. Le général a décidé de démissionner. (étant donné que)

10. Les Etats-Unis ont soutenu la France en fournissant du matériel et du ravitaillement (*provisions*). Peu à peu la France a pu s'organiser. (de sorte que)

EXERCICE 2 De cause à effet. Ecrivez cinq faits au sujet de votre rapport. Echangez votre liste avec celle d'un(e) autre étudiant(e) de la classe. Pour chacun des faits sur sa liste, donnez une cause ainsi qu'une conséquence. Si vous ne connaissez pas bien le sujet, servez-vous de votre imagination. Utilisez des expressions de cause et effet.

Modèle

Fait: Les frais d'inscription augmentent.
Cause-effet: Etant donné que l'inflation s'accroît rapidement, les frais d'inscription universitaire ne cessent d'augmenter. Les jeunes qui ne peuvent pas se permettre, pour cause financière, d'étudier dans l'enseignement supérieur vont s'orienter vers des études courtes.

C. D'autres expressions pour vous aider

Les explications

certes

d'autant plus... que (*especially since*)

en somme

voilà de quoi il s'agit (*it's like this*)

alors que/tandis que (*whereas*)

cela tient à (*arises from*)

les causes en sont

La Hausse des frais d'inscription

Ceux qui ne peuvent pas se permettre d'étudier dans l'enseignement supérieur seront plus facilement touchés par le chômage. **Voilà de quoi il s'agit!**

Alors que les frais d'inscription augmentent, les écarts (*gaps*) entre classes sociales se creusent.

Certes, il existe toutes sortes de bourses mais cela n'explique pas comment tous les étudiants financent leurs études.

Cette situation est **d'autant plus** difficile **que** la hausse des frais d'inscription s'exerce dans un climat inflationniste.

En somme, une hausse des frais d'inscription peut décourager ceux qui n'ont pas les moyens financiers.

L'Etude des langues étrangères

Il ne fait aucun doute que le fait de parler couramment plusieurs langues est positif.

Sans aucun doute, le fait de parler couramment plusieurs langues est positif.

Il est certain que les pays de la Communauté économique européenne accordent une grande place, dans l'éducation, à l'étude des langues étrangères.

Il est évident que les pays de la C.E.E. accordent une grande place, dans l'éducation, à l'étude des langues étrangères.

Il est incontestable que l'interdépendance des économies a contribué à la nécessité de parler plusieurs langues étrangères.

Il est indéniable que l'interdépendance des économies a contribué à la nécessité de parler plusieurs langues étrangères.

Il est hors de doute que certains individus semblent avoir des facilités quant à l'étude des langues.

Nul doute que certains individus semblent avoir des facilités quant à l'étude des langues.

Il faut bien reconnaître que, pendant longtemps, l'anglais a été considéré comme la langue étrangère internationale.

Il faut bien admettre que, pendant longtemps, l'anglais a été considéré comme la langue étrangère internationale.

De toute évidence, il est assez difficile d'étudier en même temps plusieurs langues étrangères.

Il faut se rendre à l'évidence qu'il est assez difficile d'étudier en même temps plusieurs langues étrangères.

Il est douteux qu'il faille préférer une méthode d'enseignement à une autre.

Le doute subsiste quant à affirmer l'importance de certaines langues par rapport à d'autres.

Il n'est pas sûr/certain que la langue anglaise occupe toujours la première place dans la Communauté économique européenne.

Rien ne permet de penser qu'une seule méthode d'enseignement des langues étrangères soit appliquée par tous les professeurs.

On ne sait pas encore au juste ce que l'on doit étudier en priorité.

> Attention: Le groupe aura comme but final un rapport de 1000 mots ou quatre pages tapées à la machine qui posera un problème et proposera une solution.

A. Commencez à établir deux voies parallèles de commentaire dans votre dossier. A plusieurs reprises posez-vous ces questions: (1) Qu'est-ce que nous voulons dire? (2) Comment voulons-nous le dire?

B. Ecrivez un projet/plan pour la division du travail. Que ferez-vous pour votre première étape? Que feront les autres?

1ère étape du travail: _____

Responsabilités du membre 1 _____

Responsabilités du membre 2 _____

Responsabilités du membre 3 _____

C. A qui vous adressez-vous? Identifiez vos lecteurs. Choisissez un but, c'est-à-dire ciblez un groupe à convaincre.

Nous nous adressons à _____ parce que _____.

D. Formulez au moins trois questions que vous vous posez à propos de la division du travail, posez ces questions à votre équipe et notez les suggestions de chacun des membres. Répondez à toutes les suggestions dans votre dossier. Lesquelles préférez-vous et lesquelles rejetez-vous? Pourquoi? Il est important d'écrire vos raisons afin de favoriser une bonne communication dans le travail d'équipe! Car le but recherché n'est pas seulement de diviser la tâche mais d'inclure également la réelle collaboration de chaque membre dans la rédaction du rapport, qui, sans aucun doute, influence le produit final!

E. Le travail d'équipe: Comment le réussir?

Identifiez vos actions à la fin de chaque réunion du groupe:

Date(s) Commentaire

Regarder la personne du groupe qui parle _____

Ecouter attentivement _____

Suggérer une nouvelle idée _____

Adresser un compliment à un(e) partenaire _____

Faire ou refaire un exposé des faits du rapport _____

Rappeler la date limite du rapport ou des aspects du rapport

_____

Identifier une méthode efficace à suivre _____

Soutenir les efforts des autres _____

Poser des questions _____

Demander de l'aide _____

Débroussailler (*clarify*) une question _____

Proposer l'explication d'un élément du rapport _____

Vérifier que tout le groupe comprend _____

Paraphraser les suggestions des autres _____

Encourager le groupe avec humour, enthousiasme et des

suggestions _____

Permettre à tout le monde de parler avant de reprendre la parole

_____

Résumer à haute voix _____

Rechercher un rapport précis en corrigeant ou en complétant les résumés

_____

Elaborer en ajoutant des idées _____

Encourager ses partenaires à s'expliquer _____

Demander aux partenaires comment arriver à une décision

_____

Critiquer une idée sans critiquer les individus _____

Différencier les éléments du désaccord quand les membres du groupe ne sont

pas du même avis _____

Ecouter toutes les idées avant d'arriver à une conclusion

_____

Demander les justifications des idées des autres _____

Expliquer les réponses des autres _____

Examiner et analyser avec des questions pertinentes _____

Identifier de nouvelles questions _____

F. Le Conflit du groupe

Les conflits entre les membres d'une équipe ne sont pas toujours négatifs. Certains conflits aideront le groupe à identifier toutes les possibilités. Le conflit d'idées dans un esprit coopératif est très utile pour considérer toutes les solutions alternatives.

Posez souvent les questions suivantes à vos partenaires:[1]

Le Contenu

Quels renseignements devons-nous ajouter ou éliminer?

A quoi est-ce que nos lecteurs s'attendent?

De quoi est-ce que nos lecteurs ont besoin?

Le But

Je ne comprends pas pourquoi vous avez décidé de _____. Pourriez-vous m'expliquer pourquoi?

Que voulons-nous que nos lecteurs pensent ici?

Quelle est l'idée centrale de cette partie du rapport?

Les Lecteurs

Quels problèmes (illogismes [*inconsistencies*], insuffisances) nos lecteurs verront-ils ici?

Comment nos lecteurs réagiront-ils à ceci (contenu, but, organisation, idée, etc.)?

L'Organisation et les preuves

Comment allons-nous organiser (développer, expliquer) ceci?

Comment allons-nous soutenir cet argument?

Quels exemples pouvons-nous offrir?

Pourquoi (ou pour qui) cette preuve est-elle plus valable qu'une autre?

Le Style

Pourquoi préférez-vous _____ à _____ pour présenter ces renseignements?

Comment est-ce que cette présentation aide nos arguments?

Pourquoi croyez-vous que _____ soit la meilleure façon d'expliquer cette idée à nos lecteurs?

Si nous changeons l'exemple, est-ce que l'idée sera plus ou moins claire?

---

[1] Based on: Burnett, Rebecca E., (1991). "Substantive Conflict in a Cooperative Context: A Way to Improve the Collaborative Planning of Workplace Documents." *Technical Communication*. Washington, DC: Society of Technical Communication.

A. Avez-vous des arguments solides ou faibles? convaincants ou peu convaincants?

Cherchez les défauts suivants et soulignez-les si vous en trouvez dans votre rapport. Discutez comment les changer avec votre équipe.

• Le syllogisme: Les Américains ne sont pas sensibles.

> Les Français ne sont pas les Américains.
> Les Français sont donc sensibles.

> Si c'est vrai, ce n'est qu'une coïncidence.

• Argument *ad hominem* (contre l'homme)

> Avez-vous inclus des préjugés ou des attaques personnelles?
> Il est bon de considérer et de critiquer d'autres solutions moins bonnes que la vôtre, mais il est mauvais d'attaquer personnellement leurs adhérents.

• Argument de la majorité

> Une solution n'est jamais la meilleure solution simplement parce qu'une majorité la préfère.

• Argument circulaire

> Il est gros parce qu'il a grossi.
> Fumer est nocif pour la santé car cela cause des maladies.

• Argument de *post hoc, ergo propter hoc* (après cela, donc à cause de cela)

> Il y a une augmentation d'étudiants étrangers à l'université, on a donc augmenté les frais d'inscription.

> Vérifiez qu'un fait est vraiment la cause d'un autre fait.

• L'exagération

> Est-ce que les faits sont constatés tels qu'ils sont?

B. Quelles sont les valeurs que vous croyez avoir en commun avec vos lecteurs? (Nommez-en au moins trois.) Est-ce que vous faites appel aux valeurs en commun pour mieux convaincre?

Discutez avec vos partenaires comment souligner ces valeurs en commun dans votre rapport.

Dans le chapitre 9 vous examinerez le ton de votre rapport et comment prouver aux lecteurs que vous êtes des auteurs justes et raisonnables.

CHAPITRE 9

LE RAPPORT (SUITE)

INTRODUCTION

N'oublions pas qu'un rapport vise à:

- renseigner la hiérarchie (par exemple un supérieur) sur un problème ou une situation
- analyser la situation, ses causes et ses aspects
- réfléchir sur l'avenir; proposer des décisions à prendre ou des actions à accomplir

Les Catégories de rapport

1. **Le rapport de synthèse** ou **rapport général**

   Il est soumis à un groupe concerné.

   > Exemple: un rapport d'activité d'un comité

   Il comprend:

   - un aperçu de la situation générale (contexte, évolution, tendances)
   - un exposé détaillé des décisions déjà prises et des actions déjà accomplies
   - une synthèse des chiffres et des statistiques importants (du bilan financier ou des comptes, par exemple)
   - un exposé sur les projets en cours avec les perspectives à court et moyen terme

   Il met en évidence:

   - la conformité des activités et des décisions précédant les résolutions
   - les résultats et les progrès
   - le bien-fondé et l'efficacité des décisions déjà prises
   - les difficultés surmontées

2. **Le rapport d'enquête**

   Il est écrit après un stage, un voyage, une inspection, une investigation, par exemple.

   Il comprend:

   - la description de ce qui a été constaté
   - une analyse critique
   - une conclusion en forme de jugement

   Il sert à:

   - préparer une décision
   - orienter un choix
   - argumenter pour un point de vue

3. **Le rapport de proposition**

   L'auteur prend l'initiative du rapport.

   > Exemple: étude de l'impact d'un projet sur l'environnement, étude de faisabilité d'un projet

Il comprend:

- les observations de l'auteur, le résultat de ses investigations

- ses essais, ses hypothèses

- la confrontation de points de vue et leur critique

- une conclusion en forme de prise de position ferme

4. **Le rapport technique**

C'est le rapport d'un expert (médical, légal, etc.).

> Exemple: solution d'un problème de production, étude d'une situation financière

La forme est celle d'un rapport de proposition.

Note: Chacun des rapports précédents peut être un rapport collectif (écrit en groupe) ou un rapport individuel.

Attention! La clé d'un rapport réussi est de choisir un sujet qui vous intéresse. Vous vous sentez alors personnellement engagé(e), il vous est plus facile d'écrire et votre ton en devient plus sincère.

LECTURE

On écrit des rapports pour n'importe quel groupe et n'importe quelle fonction. Ils sont surtout bien connus dans le monde du commerce et de l'industrie. Vous allez lire des exemples de rapports dans chacun de ces deux domaines.

A. Premier rapport - **Le Rapport dans l'industrie**

Avant de lire

Ce qui suit est issu d'un vrai rapport préliminaire remis par le chef d'un atelier pilote (*research and development division*) d'une entreprise française au sujet d'un danger pour les employés de l'atelier. Les noms des personnes et de l'entreprise ont été changés mais le problème expliqué présentait un véritable dilemme pour cette entreprise.

«Monsieur Gobert» est chef d'un atelier pilote dans une entreprise de plastiques. L'atelier a été établi pour étudier de nouveaux plastiques mais on a découvert un point d'insécurité dans la production à l'atelier. Il s'agit de la machine automatique appelée «table de remplissage». Cette machine est commandée par deux ouvriers. Elle accomplit une série de mouvements. L'un des mouvements est une fonction de presse. C'est à ce moment que la machine est dangereuse. Les ouvriers ont à peine le temps de retirer les doigts que la machine s'active et elle exerce une pression de quatre à cinq tonnes.

Lisez le rapport écrit par M. Gobert comme si vous étiez un inspecteur dans l'industrie des plastiques. Décidez si vous êtes satisfait(e) des efforts de l'atelier pilote.

Paris   Copie: MM. Dupré - Guibert
ATELIER PILOTE   Lenoir - Gomez
                    NOTE: MM. BARIN - FAURE
                          Bureau d'études
                          MM. Nevers - Service Entretien
                          Lardeau - Service Sécurité
                    OBJET: SÉCURITÉ À L'ATELIER PILOTE

Un point de sécurité important doit être traité à l'atelier pilote. Il concerne la sécurité du personnel sur une machine dangereuse. Ce point est connu depuis 6 mois environ mais aucune solution n'est encore intervenue.

MACHINE DANGEREUSE

1) Description du risque

La table de remplissage présente, au cours de son cycle automatique, une fonction précise. C'est dans cette phase de l'opération que le personnel encourt un risque: cisaillement[1] des doigts, voire de la main entière.

2) Accident survenu[2]

En mai 1993, un accident grave est survenu. Un opérateur a eu 3 doigts partiellement sectionnés. La blessure a nécessité une intervention chirurgicale, 20 jours d'hospitalisation et deux mois d'arrêt de travail. L'intéressé n'a pas totalement recouvré l'usage de ses doigts. L'octroi[3] d'une pension est en cours d'étude.

3) Essai de protection

Fin mai 1993, une première mesure de protection a été essayée. Il s'agissait d'un barrage à cellules photo-électriques[4], provoquant l'arrêt de la machine. Ce barrage ne devait fonctionner qu'au moment du risque: soit aux montées de la porte du chariot[5]. L'expérience a été tentée avec différents barrages prêtés par des fournisseurs[6]. Il s'agissait surtout de systèmes de type rectiligne[7] à plusieurs cellules en ligne. Les résultats n'ont pas été satisfaisants. D'une part, le système rectiligne provoque des arrêts intempestifs[8] de la machine. D'autre part, il doit être installé trop loin de la zone à protéger. Cela fait que les opérateurs qui surveillent le travail sont obligés de couper le barrage pour pouvoir s'approcher de la machine et contrôler le déroulement[9] des autres phases du travail.

---

1 *cutting off*   2 *took place*   3 *granting*   4 *row of photoelectric cells (such as those that open and close supermarket doors)*   5 *door of the assembly line cart* 6 *suppliers*   7 *straight*   8 *untimely*   9 *check the progress*

4) <u>Proposition</u>

Le problème doit être repensé en fonction de la forme de la machine. Les précédents essais ont montré qu'on ne peut protéger une zone formée d'angles intérieurs à l'aide d'un barrage rectiligne. Nous proposons l'étude d'un faisceau[10] de cellules. Les émetteurs[11] réunis en un seul point seraient orientés, un par un, vers des récepteurs[12], placés aux divers endroits à interdire lors des opérations dangereuses. Le projet pourrait être réalisé initialement sous forme de maquette[13].

CONCLUSION

Les risques sont grands au niveau de la sécurité du personnel. Des crédits[14] sont disponibles[15] en compte PILOTE 77 pour remédier à ce problème. Le bureau d'étude et l'entretien devraient se concerter[16] pour que la solution intervienne au plus tôt. La protection pour cette machine devrait être en place le 31 octobre 1994.

PARIS, le 7 juillet 1993

G. Gobert

---

10 *network of beams*   11 *transmitters*   12 *receivers*   13 *model*   14 *funds*
15 *available*   16 *to consult*

QUESTIONS A CONSIDERER

1. A quelle catégorie appartient ce rapport (voir l'introduction du chapitre)? Comment le savez-vous?

2. Quelles circonstances ont rendu nécessaire le rapport de M. Gobert?

3. D'après l'auteur, comment les responsables de l'atelier ont-ils réagi devant ce problème?

4. Pourquoi leur premier effort n'a-t-il pas réussi?

5. A qui M. Gobert écrit-il? Comment le savez-vous?

6. Maintenant c'est vous qui êtes l'inspecteur d'industrie. Etes-vous satisfait(e) des efforts de M. Gobert et de son équipe? Pourquoi ou pourquoi pas? Préparez trois ou quatre questions pour M. Gobert auxquelles il pourrait répondre pour vous aider à juger ses efforts.

7. M. Gobert a écrit, en fait, un deuxième rapport sur un danger d'électricité statique dans l'atelier qui a provoqué un autre accident. Quel genre de renseignements (en termes généraux) vous attendez-vous à trouver dans ce rapport?

B. Deuxième rapport - **Le Rapport dans le commerce**

Avant de lire

Le deuxième rapport traite un véritable problème actuel qui se pose aux entreprises situées près de Paris. Beaucoup, pour des raisons diverses, souhaitent quitter la grande ville pour la province. Des entreprises près de chez vous se sont-elles récemment installées ou se préparent-elles à quitter votre région? Quelles raisons offrent-elles pour ce changement? Connaissez-vous les raisons données en général pour déplacer les entreprises ou les usines?

Ici, dans un cas réel en France, une société multinationale analyse les conséquences de son départ de la région de Paris. Lisez ce rapport préliminaire en notant les questions que vous auriez pour l'auteur si vous étiez un(e) employé(e) de cette société.

Aujourd'hui, MARION, notre célèbre société de cosmétiques, doit faire face à un nouveau challenge. En effet, la ville de Neuilly-sur-Seine qui nous accueillait depuis près de 50 ans souhaite que nous déménagions. Cette ville est en pleine mutation[1], comme vous le savez, et souhaite construire des immeubles de grand standing[2] sur notre terrain. En effet, compte tenu de[3] notre situation géographique—face à la Seine—notre terrain était convoité[4] depuis des années; mais cette fois-ci l'offre est très alléchante[5]. D'autre part, chers associés, comme vous le savez, l'économie française est en crise et notre société n'est malheureusement pas épargnée[6]. La vente de notre terrain nous apporterait des liquidités[7] importantes et nous permettrait d'investir pour mieux faire face à la crise. Nous souhaiterions que notre siège social[8] quitte Neuilly pour la banlieue de Grenoble. Nous achèterions le terrain proche de notre usine à Bourgoin pour y faire construire notre siège social.

Divers avantages sont liés à cette décentralisation, notamment la réduction de nos coûts et l'amélioration de la qualité de vie de nos salariés. Mais cette décentralisation, synonyme de mutation[9] pour nos 500 salariés du siège, va nous obliger à leur consentir certains avantages financiers. En France, les salariés sont relativement protégés par les lois. Traditionnellement trois alternatives s'offrent aux sociétés. D'une part, nous devrons offrir des compensations financières importantes à nos salariés, d'autre part, nous pourrons en profiter pour réduire nos effectifs[10] via des licenciements[11] et d'autre part, certains de nos salariés risquent de démissionner[12].

Offrir des compensations financières à nos salariés va certes constituer un coût important pour notre entreprise, mais nous serons probablement aidés par l'Etat (sous forme de subventions[13] ou crédit d'impôt)

---

1 *(here) changement*   2 *luxury apartment buildings*   3 *considering*   4 *coveted*
5 *tempting*   6 *spared*   7 *liquid assets*   8 *headquarters*   9 *(here) transfer*
10 *numbers, size*   11 *lay-offs*   12 *resign*   13 *subsidies*

et par la commune de Bourgoin qui va nous recevoir (réduction du prix du terrain). Le prix du terrain près de Grenoble ainsi que le coût de la construction sont nettement inférieurs à ceux de la région parisienne (de 30% à 40%). La commune de Bourgoin participera au financement de logements, création de nouveaux commerces—pour répondre à nos besoins. Cependant, même si nous sommes aidés, nous devons prévoir des coûts, tels que primes de transfert[14], maintien des salaires, aides d'achat de logement avec des prêts[15] à taux réduit pour nos salariés mutés. Mais nous pouvons également profiter de cette décentralisation pour «faire le tri»[16] parmi nos salariés et réduire nos effectifs compte tenu de la crise actuelle. Ce dossier est très sensible[17]; il devra être parfaitement bouclé[18] avant d'être rendu public!

Nos salariés concernés par des licenciements partiront avec un «package», c'est-à-dire des indemnités de licenciement correspondant à x mois de salaires (dépendant de la négociation et de l'ancienneté[19] au sein de notre société). Pour que les choses se passent le mieux possible, nous pourrons volontairement gonfler[20] ces packages.

Enfin, certains de nos salariés qui ne souhaitent pas déménager en province démissionneront pour raisons personnelles. Dans ce cas, MARION ne leur consentira aucun avantage financier. Le choix pour nos salariés ne sera en fait pas si simple. Avec la crise, beaucoup préféreront déménager pour nous suivre. MARION a une bonne position toutefois nous risquons de perdre certains de nos meilleurs collaborateurs! Mais la conjoncture[21] difficile actuelle et le chômage[22] étant si fort, nous pourrons recruter une main-d'œuvre d'excellente qualité et souvent moins chère près de Grenoble. Il ne faut pas oublier que la main-d'œuvre en province est moins chère. Le coût sera d'autant plus faible pour MARION que nous ne verserons pas de primes d'ancienneté aux nouveaux collaborateurs.[23]

Ainsi, vous connaissez les grands axes de notre dossier de mutation. Nous préparons actuellement une évaluation économique et financière de coûts liés à ce transfert qui vous sera communiquée bientôt. Il faut déjà apprécier que ce transfert pourra donner un nouveau souffle à MARION. Nous devons maintenant convaincre nos salariés pour que, tous ensemble, nous réussissions ce nouveau challenge. (634 mots)

---

14 *travel allowance, bonus*   15 *loans*   16 *sort out*   17 *sensitive*   18 terminé
19 *seniority*   20 *inflate*   21 *(economic) situation*   22 *unemployment*   23 *colleagues*

QUESTIONS A CONSIDERER

1. Quelle est la proposition principale de l'auteur du rapport? Que suggère-t-il? Quelles sont les deux raisons principales données dans le premier paragraphe pour soutenir cette proposition? Dans votre rapport, avez-vous présenté sans tarder votre proposition dans votre introduction?

2. Dans le deuxième paragraphe, l'auteur explique les conséquences possibles de sa proposition pour les employés. Quelles sont ces conséquences?

3. Dans le troisième paragraphe l'auteur concède certains désavantages de la décentralisation, mais en même temps il réfute ces arguments. Quels sont ces désavantages? Quelles sont les réponses de l'auteur? Avez-vous considéré les autres points de vue dans votre rapport?

4. Dans le cinquième paragraphe l'auteur reprend les avantages et les inconvénients de la décentralisation pour la société. Il concède un inconvénient. Lequel? En même temps, il modère cet inconvénient par d'autres avantages. Lesquels?

5. Il s'agit d'un rapport préliminaire. Où l'auteur devra-t-il introduire les statistiques ou les chiffres dans le rapport final? Avez-vous introduit des chiffres dans votre rapport? Où vous seraient-ils utiles?

6. Quand l'auteur écrit que «les salariés sont relativement protégés par les lois», il ne donne ni détail ni exemples. Quels autres passages vous indiquent que l'auteur écrit pour des lecteurs qui sont déjà bien au courant de la situation de MARION en France? Et dans votre rapport, qu'est-ce que vous avez présumé comme connaissance de la part de vos lecteurs? Est-ce raisonnable?

7. A votre avis, lequel des arguments offerts est le plus convaincant pour soutenir la proposition de l'auteur? Lequel est le plus faible?

8. Quels autres détails voulez-vous voir dans le rapport final? Pourquoi? Et dans votre rapport, où avez-vous besoin d'autres détails?

9. Dans le rapport final l'auteur pourrait citer des promesses des représentants du gouvernement local par exemple. Des promesses de qui la société a-t-elle besoin? Pourquoi serait-il utile de citer les représentants? Qui pourriez-vous citer dans votre rapport? Comment les citations aideraient-elles le rapport?

VERS UN STYLE A VOUS

A. Le ton du rapport

Comment est-ce qu'un auteur peut prouver qu'il est objectif (juste) mais en même temps engagé (convaincu de l'importance du sujet ou de la solution d'un problème)?

Deux qualités sont essentielles au ton d'un rapport. Il doit être **objectif**—on ne doit pas pouvoir en contester la véracité (*truthfulness*)—et il doit être **engagé** (*committed*) dans l'action.

EXERCICE 1 Relisez le premier rapport. Avec votre équipe analysez le ton du rapport de M. Gobert. Comment est l'auteur de ce rapport? Ecrivez des adjectifs pour le décrire. Pourquoi avez-vous choisi ces descriptions? Croyez-vous qu'il soit un auteur juste et raisonnable? Pourquoi ou pourquoi pas? Révisez et analysez votre rapport avec les mêmes questions. Est-ce que vos lecteurs vous trouveraient juste et raisonnable?

EXERCICE 2 Imaginez d'autres auteurs pour des rapports sur le même sujet que celui de M. Gobert. Identifiez deux détails potentiels (imaginaires) écrits par chacune des personnes suivantes:

1. Un(e) employé(e) de la compagnie d'assurances de l'atelier

2. L'opérateur blessé

3. Un représentant du syndicat (*union*) des ouvriers

4. Un politicien de la région

5. Autre?

EXERCICE 3 Avec votre équipe de travail, notez le sujet du rapport commencé au chapitre 8 de deux ou trois autres équipes. Ecrivez ensemble une liste des points de vue que vous connaissez sur leur sujet. Pour chaque point de vue écrivez un exemple des actions ou des commentaires que vous avez trouvés partiaux (préjugés) et de ceux que vous avez trouvés impartiaux.

EXERCICE 4 Après avoir reçu les listes des actions et commentaires objectifs et subjectifs sur votre sujet établies par les autres équipes, comparez-les avec votre rapport. Avez-vous considéré toutes les opinions importantes sur votre sujet? Avez-vous évité les commentaires trop subjectifs? Discutez chaque opinion sur les listes avec les autres membres de votre équipe pour vérifier que votre groupe est resté à la fois objectif et engagé. Etes-vous juste et raisonnable? Bien sûr! Mais il faut le prouver à vos lecteurs!

EXERCICE 5 Choisissez un paragraphe clé de votre rapport. Récrivez ce paragraphe pour des lecteurs différents.

Membre N° 1 de l'équipe: Ecrivez le paragraphe pour des lecteurs qui sont partisans de la proposition. Vous écrivez votre idée à des amis. Misez sur l'enthousiasme de vos partisans dans votre argument, votre vocabulaire et votre ton.

Membre N° 2 de l'équipe: Ecrivez le paragraphe pour des lecteurs qui sont opposés à la proposition. Répondez aux doutes de vos adversaires. Montrez-vous du respect pour les opinions différentes des vôtres?

Membre N° 3 de l'équipe: Ecrivez le paragraphe pour des lecteurs qui sont indifférents. Comment pourrez-vous les intéresser à cette suggestion?

Toute l'équipe: Montrez comment ces nouveaux paragraphes différent. Après avoir identifié les différences, expliquez pourquoi ces différences sont nécessaires ou utiles.

D'ordinaire on écrit un rapport pour des lecteurs qui ne sont ni déjà partisans ni adversaires. Identifiez le choix de vocabulaire dans votre rapport qui prouve que vous êtes des auteurs justes et raisonnables.

B. Vocabulaire d'argument

1. Les Comparaisons

Quand il faut juger, qualifier ou comparer les actions possibles on aura souvent besoin d'un vocabulaire de comparaisons comme les expressions suivantes.

comparé(e) à	
par comparaison avec	*in comparison with, compared to*
en comparaison de	

En comparaison de Paris, la province est souvent moins chère.

comparativement	*comparatively*

Pour la banlieue, c'est comparativement cher.

par rapport à	*in comparison with, with respect to*
de plus en plus	*more and more*
de moins en moins	*less and less*

Il devient de plus en plus difficile de travailler à Paris.
Il devient de moins en moins facile de travailler à Paris.

par contraste avec	*in contrast with*

C'est par contraste avec Paris que la province semble raisonnable.

en proportion de	*in proportion to*

Nos contributions seront en proportion de nos revenus.

proportionnellement à	*proportionately*

Nous contribuons aux impôts proportionnellement à nos revenus.

être considérablement accru(e)	*to be considerably increased*
être (en voie) de régression	*to be on the decline, to be decreasing*
davantage	*more*

2. Les Charnières (*linking expressions*)

d'une part... d'autre part	*on the one hand . . . on the other hand*

Note: N'employez pas **d'autre part** sans avoir commencé par **d'une part**.

non seulement... mais encore	*not only . . . but also*
il va sans dire	*it goes without saying*
d'ailleurs	*besides, moreover*

D'ailleurs les employés n'ont pas beaucoup de choix.

en outre	*furthermore, moreover*
pourtant	*yet, nevertheless*
néanmoins	*nevertheless, yet*
cependant	*nevertheless, however*
toutefois	*however, nonetheless*

MARION a une bonne position, toutefois nous pouvons perdre nos meilleurs collaborateurs.

C. Les Tableaux et les chiffres

La grande majorité des rapports contiennent des listes, des cartes, des graphiques ou des tableaux. Pour présenter les chiffres ou les statistiques on a souvent besoin d'un tableau qui a pour but d'éclairer et de simplifier la présentation d'éléments nombreux ou complexes.

EXERCICE 1   Etudiez le tableau I. Il explique les raisons pour lesquelles les Français sont obligés de chercher un nouvel emploi.

Ecrivez au moins cinq phrases à propos du tableau I en employant les expressions utiles de la page 144.

Emplois précaires :
le chômage à temps partiel

Circonstances de la recherche d'emploi (1992, en %) :

	Hommes	Femmes	
• Licenciement	38,2	29,9	
• Fin d'emploi précaire	35,2	32,8	
• Démission	5,9	10,9	
• Avaient cessé toute activité ou n'avaient jamais travaillé	4,8	14,9	INSEE, enquête l'emploi 1992
• Fin d'études	4,7	6,8	
• Autres	11,2	4,9	
• Total	100,0	100,0	

EXERCICE 2 Etudiez le tableau II. Il explique le taux du chômage en France par profession.

La hiérarchie du chômage ne ressemble pas à celle des professions

Taux de chômage selon les catégories socio-professionnelles en 1991 (en % de la population active) :

• Agriculteurs exploitants	0,6
• Artisans, commerçants, chefs d'entreprise	2,5
• Cadres et professions intellectuelles supérieures	3,1
• Professions intermédiaires	4,3
• Techniciens	2,5
• Contremaîtres, agents de maîtrise	4,1
• Employés	11,8
• Personnel des services directs aux particuliers	16,0
• Ouvriers	11,8
Total	9,1

Avec un(e) partenaire, expliquez en phrases complètes les renseignements que vous avez appris du tableau II. Notez que le tableau est une méthode efficace pour communiquer et résumer ces mêmes renseignements. En avez-vous dans votre rapport?

• Vocabulaire des tableaux

Dans le développement de votre rapport il faut parler de votre tableau et indiquer son importance. Voici certaines expressions utiles.

le taux (de)   *the rate (of)*

Nous devons prévoir des coûts, tels que maintien des salaires et aides d'achat de logement avec des prêts à taux réduit pour nos salariés.

la grande majorité   *the vast majority*

la minorité   *the minority*

la moitié   *half*

environ   *approximately*

un sur cinq   *one out of five*

une diminution   *a decrease*

une augmentation   *an increase*

nombre de X pour 1.000 habitants   *X (number) per 1,000 residents*

REDACTION

A. Relisez ce que vous avez écrit pour votre rapport jusqu'à présent. Avec votre équipe de travail préparez une liste des renseignements suivants pour analyser et améliorer votre rapport.

1. La situation actuelle sur le campus par rapport à ce sujet

2. Le point de vue des étudiants

3. Le point de vue des parents, des anciens étudiants et de la ville

4. Le point de vue de l'administration universitaire

5. L'importance de ce sujet sur le campus

6. La quantité de controverses que provoque ce sujet et les risques possibles pour ceux qui le confrontent

7. Les personnes interviewées ou à interviewer

8. Les nouvelles questions à rechercher

B. Quelle sorte de rapport avez-vous écrit? Relisez les descriptions de l'introduction. Quelle description se rapproche le plus de la vôtre?

le rapport de synthèse / le rapport d'enquête / le rapport de proportion / le rapport technique

Ecrivez une explication de la raison pour laquelle cette sorte de rapport est la meilleure pour votre sujet.

C. Quels materiaux avez-vous employés ou cités? Relisez votre bibliographie, vos citations et vos notes. Y a-t-il des opinions purement personnelles, des faits observés ou des jugements réfléchis? Classez-les selon ces trois catégories et éliminez les opinions purement personnelles.

COMMUNICATION

EVALUATION D'EQUIPE

Analysez le travail de votre équipe.

NOM:

SUJET DES RECHERCHES:

1. Qu'est-ce que vous avez fait vous-même pour le projet?

2. Qu'est-ce que vous avez voulu faire mais n'avez pas fait?

3. Mesurez le travail et la participation de vos partenaires.

4. Comment est-ce que le groupe a réussi son travail d'équipe?

5. Qu'est-ce que le groupe a fait quand les membres de l'équipe n'étaient pas du même avis?

6. Est-ce que quelqu'un a dominé le groupe?   OUI   NON

   Mesurez votre satisfaction de zéro (aucune) à 5 (très grande):

   La division du travail?   0   1   2   3   4   5

   Tout le monde a fait son travail?   0   1   2   3   4   5

   Le groupe était capable de s'entendre?   0   1   2   3   4   5

   Ajoutez vos réactions personnelles au travail de votre équipe.

EVALUATION DU RAPPORT

Lisez et analysez le rapport d'un autre groupe. Soulignez quelques phrases qui justifient votre analyse de chacune des catégories suivantes de leur rapport.

Le Contenu

Travail supérieur

L'origine du rapport et les circonstances qui le rendent nécessaire sont expliquées dans l'introduction. Les responsabilités sont analysées et les différents points de vue sont pris en compte. La conclusion reprend l'argument essentiel ou montre une solution au problème. Le rapport finit avec une recommandation pratique et justifiée. Le lecteur n'a aucune question.

Travail incomplet

Le rapport manque de détails importants ou contient des renseignements inutiles aux arguments. Le rapport n'a pas d'introduction, de développement ou de conclusion. Une proposition n'a pas de justification.

Commentaire supplémentaire:

Le Ton et le style

Travail supérieur

Le rapport est objectif, engagé, efficace (exhaustif en ce qui concerne les points décisifs mais sans digressions), cohérent (bien argumenté, toujours orienté vers une conclusion), clair (tout lecteur pourrait le comprendre sans être spécialiste dans le domaine). Il est écrit de manière impersonnelle.

Travail incomplet

Le rapport est trop compliqué ou difficile à suivre. Il y a des digressions sur des sujets moins importants ou moins clairs. Il faut déjà connaître le sujet pour comprendre le rapport. A qui le rapport s'adresse n'est pas évident. Les auteurs ont trop mis l'accent sur la critique d'un point de vue opposé au leur.

Commentaire supplémentaire:

Le Vocabulaire

Travail supérieur

Le vocabulaire est précis, clair et correct pour ce sujet. Peu d'anglicismes.

Travail incomplet

Le vocabulaire est trop simple ou manque de précision. Le lecteur ne comprend pas toujours à cause d'expressions inconnues.

Commentaire supplémentaire:

La Grammaire, l'orthographe, la ponctuation

Travail supérieur
Le rapport emploie une variété de formes correctes. Peu d'erreurs de structure.

Travail incomplet
Le rapport contient des phrases incompréhensibles. Il y a plusieurs erreurs de grammaire, d'orthographe ou de ponctuation.

Commentaire supplémentaire:

La Présentation

Travail supérieur
Le rapport note la référence exacte et complète de chaque renseignement. Les auteurs ont consulté des spécialistes sur le sujet. Il y a uniformité des marges et des titres, sous-titres et tableaux. La bibliographie est complète. S'il faut une table des matières, elle est correcte. La pagination est claire.

Travail incomplet
La première impression du rapport n'est pas bonne. Il y a manque d'uniformité, absence de pagination ou omission de parties importantes.

Commentaire supplémentaire:

REVISION

Lisez soigneusement *Evaluation du rapport* à la page précédente. Vérifiez chacun des éléments de votre rapport. N'hésitez pas à réarranger vos paragraphes pour mieux soutenir vos arguments.

AUTO-CORRECTION

N'oubliez pas de faire chacune des corrections suggérées par les lecteurs de votre rapport ou par votre professeur. Une phrase peut être correcte grammaticalement mais ne pas exprimer le sens voulu. Lisez votre rapport phrase par phrase en considérant le sens exprimé par chaque phrase.

Relisez votre rapport et...

- Identifiez chaque verbe. Est-ce que le temps employé est correct?

- Observez chaque nom. Est-ce que le genre est correct?

- Est-ce que les accords sont respectés?

- Utilisez-vous des expressions traduites de l'anglais? Sont-elles des anglicismes ou existent-elles dans la langue française?

- Reprenez vos compositions précédentes et notez les fautes courantes que vous avez faites. Les retrouvez-vous dans votre rapport?

N'oubliez pas qu'une mauvaise présentation du texte diminue la portée des idées présentées. La négligence dans les détails de présentation amène le lecteur à penser que vous, l'auteur, n'avez pas apporté plus de soin aux idées qu'à la forme de votre travail.

Donc, regardez soigneusement votre rapport et évaluez...

la dactylographie

la couverture

les marges

la pagination

les références

les citations

les tableaux

la bibliographie

SYNTHESE

Qui écrit les rapports? Professeurs, chercheurs (les rapports de recherche), étudiants, médecins, avocats, représentants de gouvernement, savants, comptables, religieux et même présidents. Le rapport fait partie de la vie professionnelle de nombreuses personnes. Presque tout le monde aujourd'hui doit savoir assurer une bonne communication écrite avec ses collègues, ses supérieurs, ses subordonnés ou ses clients.

CHAPITRE 10

LA PUBLICITE

INTRODUCTION

Il est impossible d'ouvrir un journal ou un magazine, de regarder la télévision ou un film au cinéma sans que notre regard soit attiré par une publicité. Il nous suffit de sortir dans la rue et nous voilà confrontés par toutes formes de publicité: panneaux, affiches, annonces publicitaires. Il semble que tout le monde cherche à nous vendre quelque chose. Quelles sortes de publicités vous influencent le plus? Qu'est-ce qui réussit à vous convaincre finalement d'acheter tel ou tel produit?

Le rôle du publicitaire (le créateur de publicité) est de mener le public à travers quatre étapes surnommées AIDA:

- **Attention:** attirer le regard du public
- **Intérêt:** intéresser le public
- **Désir:** faire naître le désir pour un produit, un service ou une idée
- **Action:** inciter le public à l'action, c'est-à-dire, à acheter le produit.

Cette dernière étape est l'objectif central visé par le publicitaire: le passage de l'inaction à l'action. L'action peut être participation ou consommation. Plus figurativement, l'action veut dire que le comportement du public passe de l'indifférence à la préférence (par exemple, pour un politicien) ou de l'ignorance à la prise de conscience (par exemple, d'un danger public) ou d'une attitude à une autre.

Des détails importants sur la publicité:

- Chaque publicité vise en particulier un individu ou «cible». Le publicitaire a une parfaite connaissance des caractéristiques des destinataires en ce qui concerne le sexe, l'âge, la profession, les moyens financiers, le niveau d'études, la culture, les goûts et les besoins.

- Le besoin de vendre crée une concurrence féroce et âpre entre publicités; le commerce de la publicité est un des plus grands du monde. On compte, en France, environ deux cents agences-conseils en publicité.

- En France les annonceurs (la personne ou l'entreprise qui prend la décision de l'action publicitaire et qui paie la charge financière) ont investi 58,6 milliards de francs en 1992.[1] La répartition est la suivante:

La presse écrite	48,2%	La radio	7,1%
La télévision	32,3%	Le cinéma	0,6%
L'affichage	11,8%		

- La publicité est un mode d'information; elle est utile au grand public comme aux entreprises. Elle est un reflet de notre société, où elle joue un rôle primordial.

Dans ce chapitre on examinera les publicités que l'on peut rencontrer dans la presse française, puis on essaiera de créer des publicités frappantes et convaincantes pour la presse écrite.

PREPARATION

A. Chaque publicité a pour but d'attirer l'attention de certains destinataires ou d'autres personnes qui pourraient s'intéresser au produit ou à l'idée. Formez des groupes de cinq personnes. Chaque membre du groupe va choisir un programme de télévision à regarder et pendant la durée de ce programme devra analyser les publicités (les pubs).

Chaque personne choisit un programme de cette liste:

- Un programme pour enfants: par exemple, des bandes dessinées

- Un feuilleton (*soap opera*)

- Un match sportif

- Une comédie

- Les informations

[1] *Quid 1994:* Paris: Editions Robert Laffont, 1993.

Ensuite chaque personne analyse les publicités pendant ce programme. Identifiez les traits suivants de la pub considérée:

<u>Produit/Service</u>

<u>Musique</u> (volume sonore[2], style)

<u>Style de présentation</u> (comique, rapide, intellectuel, poétique)

<u>Personnages</u> (âge, sexe, profession, vêtements, style)

<u>Destinataires</u> (âge, sexe, profession, moyens financiers, niveau d'études, goûts, besoins)

<u>Evaluation personnelle de la pub</u>

B. Le Lion d'Or du Festival de Cannes.[3]
   Examinez toutes les analyses des pubs que vous avez vues.

1. Quelle publicité est la plus impressionnante? Ecrivez un paragraphe décrivant cette pub.

2. Quelle est la publicité qui vous ennuie le plus? Décrivez-la.

C. Commencez à réfléchir à un nouveau produit ou service à vendre. Plus tard, vous créerez un nouveau produit ou service pour la France. Il faut que votre produit/service puisse satisfaire un besoin de la vie courante. Dans votre dossier, commencez une liste de besoins de la société et un produit ou service possible correspondant. A la fin du chapitre, vous mènerez une mini-campagne de publicité de votre choix.

besoin   **produit/service**

_____   _____

_____   _____

---

[2] Selon le Conseil supérieur de l'audiovisuel, les publicités françaises ne peuvent pas excéder le volume sonore moyen du reste du programme.   [3] le prix du Festival International du Film Publicitaire

TRAVAIL DE GROUPE

A. Comparez les réponses écrites dans la rubrique *Préparation A* sur les programmes de télé avec votre groupe. Identifiez les catégories principales de produits pour chaque programme (beauté, nourriture, mobilier, boisson, transport, vêtements, médicaments, etc.). Y a-t-il des catégories communes à plusieurs programmes? Si oui, est-ce que les pubs sont différentes? Expliquez.

B. Comparez vos listes de besoins de la société dans *Préparation C*. Identifiez les catégories principales (beauté, nourriture, danger public à corriger, etc.). En groupe, ajoutez des exemples de produits/services dans deux catégories déjà mentionnées et essayez de trouver des exemples pour deux autres nouvelles catégories.

LECTURE

A. Analysez les pubs suivantes de la presse écrite. Comment est-ce qu'elles font passer leurs messages?

...Chut! je t'aime.

Parce qu'elle est
la femme la plus exceptionnelle
que vous ayez rencontrée,
il n'existe qu'une seule manière
de lui dire je t'aime:
un solitaire exceptionnel.

Un diamant est éternel.

POUR RECEVOIR VOTRE GUIDE DU DIAMANT, TAPEZ 3610 ESPACE DIAMANT

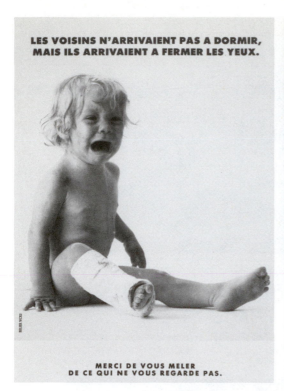

LES VOISINS N'ARRIVAIENT PAS A DORMIR,
MAIS ILS ARRIVAIENT A FERMER LES YEUX.

MERCI DE VOUS MELER
DE CE QUI NE VOUS REGARDE PAS.

LE FROMAGE, c'est le CALCIUM de la VIE

"9 sur 10 en calcul,
4,5 en dictée et
10 sur 10 en fromage."

La Communauté Economique Européenne participe au financement de cette campagne.

LES ZIGOTOS LE MATIN
SUR SKYROCK

PLUS DE TUBES
MOINS DE PUB
TOUTE LA JOURNÉE !

SKYROCK
LA SUPERRADIO

LA FRÉQUENCE DE VOTRE VILLE: MINITEL 3615 CODE SKYROCK

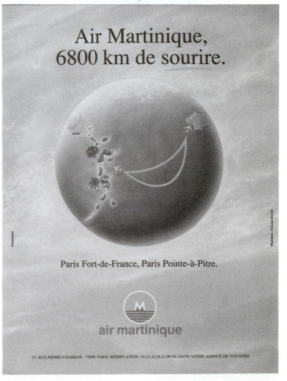

Air Martinique,
6800 km de sourire.

Paris Fort-de-France, Paris Pointe-à-Pitre.

M
air martinique

57, RUE PIERRE CHARRON - 75008 PARIS. RÉSERVATION: 16 (1) 42.56.21.00 OU DANS VOTRE AGENCE DE VOYAGES.

CHALEUR DU BOIS, PARFUM DU CUIR... UN PLAISIR NOUVEAU DE TRACER DES DROITES ET DESSINER DES COURBES.

MODÈLE PRÉSENTÉ : 405 STI - AM 92.

EUROCOM

NOUVELLE 405 STI.*

LES PEUGEOT 405 SONT UN PLAISIR DES YEUX. PLAISIR DE CONDUITE AUSSI, FAIT D'ÉQUILIBRE ENTRE DOUCEUR ET PRÉCISION, CONFORT ET TENUE DE ROUTE. AVEC LA NOUVELLE 405 STI, LES AMOUREUX DE MATIÈRES NOBLES VONT DÉCOUVRIR À QUEL POINT LA SENSUALITÉ D'UN CUIR, LA CHALEUR DU BOIS NON SEULEMENT FLATTENT LE REGARD MAIS ENRICHISSENT

LA CONDUITE DE SENSATIONS NOUVELLES. AVEC LA NOUVELLE 405 STI, JAMAIS LE PLAISIR DE TRACER DES COURBES N'A ÉTÉ AUSSI GRAND. POUR QUE CE PLAISIR SOIT VRAIMENT COMPLET, PEUGEOT A DOTÉ LA 405 STI D'UN DISPOSITIF ANTI-BLOCAGE DE ROUES (ABR) DE SÉRIE. *DISPONIBLE EN VERSIONS DIESEL TURBO ET STI BOÎTE AUTOMATIQUE.

PEUGEOT 405. UN TALENT FOU!

PASCAL, AUJOURD'HUI RESPONSABLE D'UNE PLATE-FORME ELF EN MER

DU NORD. Son père voulait qu'il soit violoncelliste. Sa mère aussi. Mais voilà, à 10 ans, Pascal voulait être

plongeur. Pendant les longues heures de cours de solfège, il passait son temps sous les océans, s'imaginant au milieu

de poissons rares et inconnus, dans les meilleurs romans de Jules Verne à 20 mille lieues sous les mers. Sur cette photo

de vacances, il a depuis longtemps oublié le rêve de son père, mais il ne fait que commencer le sien. Aujourd'hui,

Pascal est responsable d'une plate-forme de production Elf. Il exploite l'or noir des

océans, avec autour de lui des gens qui sont aussi passionnés que lui. C'est parce

que les 90 000 personnes qui travaillent chez Elf, dans le Pétrole, la Chimie ou la

Santé lui ressemblent, qu'Elf est devenu la première entreprise industrielle française.

elf

LA PASSION À TOUJOURS RAISON.

Les étudiants méritent une première chance!

Offrez-leur des emplois d'été

Chaque été, des milliers de jeunes Canadiens et Canadiennes mettent à votre disposition leur talent, leurs connaissances, leur ingéniosité. Tout en tirant profit de leur énergie et de leur enthousiasme, vous leur rendrez un fier service en leur permettant d'acquérir une précieuse expérience du marché du travail.

S'ils sont prêts à accepter à peu près n'importe quel genre d'emploi, les étudiants préfèrent bien sûr une activité en rapport avec leurs études. Une fois celles-ci terminées, ils auront,

grâce à vous, de bien meilleures chances de décrocher un poste exigeant une certaine expérience.

Offrir des emplois d'été à nos étudiantes et étudiants, c'est une excellente affaire pour tout le monde. **Pour de plus amples renseignements, communiquez avec un Centre d'Emploi du Canada pour étudiants.** Nos jeunes sont prêts à relever n'importe quel défi pourvu que <u>vous</u> leur en fournissiez l'occasion.

 Gouvernement du Canada
Ministre d'État à la Jeunesse

Jean J. Charest

Government of Canada
Minister of State for Youth

Jean J. Charest

Canadä

Défi 87

Petit souper de minuit:
Melon glacé pour lui,
darne de saumon froid pour elle,
chaleureux confort d'un JIL
en coton d'Amérique.

Rien de plus normal que de s'offrir un petit plaisir de temps en temps. Mais pourquoi ne pas se l'offrir chaque nuit avec le confort d'un pyjama JIL en doux coton d'Amérique? Le meilleur complice de la chaleur de vos nuits.

Aux Etats-Unis, nous n'avons eu de cesse de travailler pendant des années pour obtenir le meilleur coton. D'où la création de variétés destinées chacune à apporter une réponse parfaite à des besoins différents.

Vous avez le choix entre un coton délicieusement souple et chaud, ou sec et frais, résistant pour un usage intensif, ou doux comme le velours. Mais ce sera toujours un coton de grand confort.

Quelle que soit la marque de ce que vous aurez choisi, vous saurez d'avance que vous vous y sentirez bien. A condition qu'y figure le Label Cotton USA.

LE COTON D'EXCELLENCE.

À NOUVELLE CUISINE… NOUVEAU BOEUF!

Savoureux… le bon boeuf maigre d'aujourd'hui dans une cuisine légère!

Eh oui! En dépit de ce qu'on entend dire parfois, le bon boeuf maigre canadien d'aujourd'hui ne contient pas plus de gras ni de calories que les principales autres sources de protéines. En fait, les plus récentes données de Santé et Bien-être social Canada* indiquent que le contenu en gras et en calories du boeuf maigre est comparable à celui du poulet.

Portion de 3½ oz (100 g)	Gras	Calories
BOEUF rôti de côte, maigre, paré	7,6	191
POULET rôti, sans la peau	7,4	190

*Source: Fichier canadien sur les éléments nutritifs 1986.

Voilà une bonne nouvelle pour les gens d'aujourd'hui soucieux de leur santé et de leur forme physique.

Pour recevoir gratuitement le dépliant de recettes «Nouvelle cuisine, nouveau boeuf», écrivez au Centre d'information sur le boeuf, 345, avenue Dorval, Dorval (Québec) H9S 3H6.

Le boeuf. Plus maigre que vous pensez.

309 GRAFFIC TOUJOURS PARTANTE!

Pour chaque pub, écrivez les caractéristiques suivantes:

1. Le produit ou le service vendu, l'idée proposée

2. Les destinataires

3. Les mots-clés du message

4. La manière utilisée pour faire naître le désir et pour inciter le lecteur à l'action (Est-ce direct ou indirect?)

5. Les avantages du produit

6. Les promesses faites pour le produit (Quelle promesse est la plus convaincante?)

7. Votre réaction personnelle au produit, au service, ou à l'idée

8. Votre opinion de l'image (Qu'ajoute-t-elle à votre compréhension de la pub?)

B. Classez les douze pubs précédentes de la plus à la moins réussie. Justifiez votre choix pour la meilleure et la moins bonne publicités. Proposez des améliorations pour cette dernière.

C. Comment est-ce que les pubs suggèrent les stéréotypes? Sélectionnez des pubs pour des produits semblables dans des magazines ou des journaux américains. Quelles sont les différences entre la pub française et la pub américaine? les similarités? Les pubs pour les mêmes produits visent-elles les mêmes destinataires? Commentez en utilisant vos exemples.

D. Trouvez une pub récente en français (à la bibliothèque ou à la librairie). Comment le publicitaire parvient-il à communiquer son message? Pour répondre, aidez-vous des questions suivantes:

1. Qui sont les destinataires? (âge, sexe, profession, moyens financiers, niveau d'études, religion, nationalité, tendances politiques, goûts, besoins)

2. Qu'est-ce que le publicitaire croit que les lecteurs trouvent important? (la sécurité, l'intelligence, le prestige, la beauté, la sexualité, l'idéologie)

3. Comment le publicitaire réussit-il à créer un besoin pour son produit ou son service?

    a. Fait-il appel au manque, à l'insatisfaction, à l'échec, à l'inconfort, à l'erreur, au malheur?

    b. Qu'est-ce qu'il promet, directement ou indirectement? La satisfaction, la réussite, le confort, la vérité, le bonheur, la résolution des problèmes?

4. Comment établit-on la supériorité du produit ou du service?

5. Est-ce que le publicitaire propose un argument explicite ou un appel aux sentiments? Expliquez cet argument ou cet appel.

6. Analysez le choix des verbes ou des noms dans le texte. Qu'est-ce que le publicitaire suggère par ce choix?

7. Est-ce que la pub fait allusion à des événements, à des films ou à d'autres sujets?

8. Quel est le type d'images employé? (Photographies, dessins?) Est-ce que l'image suggère une histoire? Est-ce qu'elle implique des événements qui ont précédé cette image ou qui la suivront? Pourquoi le publicitaire a-t-il choisi cette histoire? Quel est le rôle joué par le produit ou le service dans cette histoire?

9. Comment est-ce que l'image (la couleur, le mouvement, l'angle, la lumière) renforce le style ou l'atmosphère de la pub?

10. Comment est-ce que l'image renforce l'appel ou l'argument de la pub?

E. Qui sont les lecteurs? Analysez les couvertures et les tables des matières suivantes. Pour chaque magazine, décrivez les lecteurs probables. Quels produits ou services pourraient être vendus dans chaque magazine?

	Lecteurs	Produits	Services
1. *Impact*			
2. *Marie Claire*			
3. *Modes & Travaux*			
4. *Notre Temps*			
5. *Le Point*			
6. *Géo*			
7. *L'Equipe Magazine*			
8. *Le Nouvel Observateur*			
9. *Châtelaine*			
10. *Prima*			
11. *L'Express*			

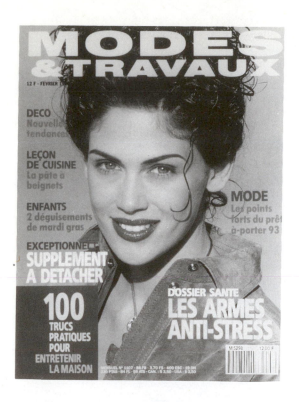

MODES & TRAVAUX

12 F - FEVRIER

DECO
Nouvelle
tendance

LEÇON
DE CUISINE
La pâte à
beignets

ENFANTS
2 déguisements
de mardi gras

EXCEPTIONNEL
SUPPLÉMENT
À DÉTACHER

100
TRUCS
PRATIQUES
POUR
ENTRETENIR
LA MAISON

MODE
Les points
forts du prêt
à-porter 93

DOSSIER SANTÉ
LES ARMES
ANTI-STRESS

M S298   12.00 F

MENSUEL N° 1107 - 88 FB - 3.70 FS - 400 ESC - 19 DH
2.50 PTAS - 84 FL - 50 ATS - CAN. : $ 3.50 - USA : $ 3.50

ÉDITION RHÔNE-ALPES

notre temps

LE PREMIER MAGAZINE DE LA RETRAITE

GUIDE DÉTACHABLE
SPÉCIAL
IMPOTS
RETRAITES
QUE DÉCLARER

SANTÉ
Les bienfaits
du thermalisme

MODE
Une journée
chez soi

RETRAITE
ACTIVE
10 rendez-vous
pour découvrir
le bénévolat

ENQUÊTE
LES COULISSES
DE LA MÉTÉO

M 2868 - 278 - 17.50 F

Tuberculose
LE RETOUR DU FLÉAU

LE POINT

HEBDOMADAIRE D'INFORMATION N° 1062/23-29 JANVIER 1993

CLINTON
LE DESTIN DU
PRÉSIDENT

M2422 - 1062 - 22,00 F   EDITION INTERNATIONALE

GEO

Un nouveau monde : la Terre

CARAÏBES
Retour
à Cuba

AFRIQUE
Rites
animistes
au Sénégal

CHINE ANCIENNE
Guide 16 pages
et carte à détacher

Voyage dans la
CHINE
des empereurs

Equipe Magazine

Nouvel Observateur

Châtelaine

Prima

F. Vous êtes un publicitaire pour les entreprises suivantes. Choisissez un magazine de l'exercice précédent pour un de leurs produits et justifiez votre choix.

Les premiers annonceurs en France sont:

Entreprise	Chiffre d'affaires	Catégorie	Produits (exemples)
B.S.N. Boussois Souchon Neuvecel	977 millions	agro-alimentaire	la bière Kronenbourg; le yaourt Dannon; l'eau d'Evian
Nestlé	960,5 millions	agro-alimentaire	le chocolat; le lait en poudre
L'Oréal	911,5 millions	chimie/cosmétique	les parfums Lancôme; le maquillage Biotherm
Renault	781,8 millions	automobile/autobus	les voitures R4, Alpine
Peugeot	780,5 millions	automobile/ autobus/cyclomoteur	les voitures 205, 306, 405
Unilever	646,5 millions	agro-alimentaire	savons: Lux, Dove; nettoyant: Cif; boisson: thé Lipton
Proctor & Gamble	492,1 millions	chimie	savon: Camay; couches: Pampers; lessive: Ariel; nettoyant: Mr Propre
Fiat	475,7 millions	automobile	Fiat Uno, Fiat Ritmo

La mise en relief: Comment renforcer une idée importante.

Les publicités doivent mettre le produit en relief pour souligner son importance. Pour mettre en relief ou pour renforcer une idée importante, plusieurs méthodes sont possibles.

A. Les pronoms

On peut répéter le sujet ou l'objet sous la forme d'un pronom soit en début soit en fin de phrase.

Les médecins, **eux**, applaudissent la récente découverte.

Moi, je ne dépense pas beaucoup d'argent.

Elle, elle en dépense trop.

Ton père, **lui**, sera très content.

La force de nos campagnes, **c'**est de résister au temps.

Refuser l'ouverture des magasins le dimanche, **c'**est regarder l'avenir dans son rétroviseur.

Ce sera un réel plaisir de le voir, **lui**.

EXERCICE 1   Sans exagérer, bien sûr, essayez de vous vanter, vous et vos camarades de classe. Servez-vous des pronoms accentués afin de mettre en relief des points importants.

Modèles: Moi, je suis forte en maths.
Serge n'a jamais besoin d'étudier, lui.

B. La répétition

On peut répéter un mot, une idée ou une phrase à plusieurs refrains.

Il a travaillé pendant **des heures et des heures**.

Doucement, très doucement, elle est entrée dans la salle.

Cela s'est passé **dans cet endroit, dans cet endroit précis!**

Cette femme **nettoie et frotte, frotte et nettoie jour après jour**.

Est-il normal que l'administration oblige tel supermarché à rester fermé le dimanche matin? **Est-il normal** que les employés ne veulent pas que leur magasin ouvre le dimanche? **Est-il normal** que les magasins soient fermés? Et surtout, **est-il normal** de voir la gauche défendre une réglementation initiée pour des raisons religieuses[4]?

---

4 Voir *Liens: Lectures* Chapitre 8

EXERCICE 2 Ecrivez une phrase pour chaque produit de la liste suivante. Utilisez la répétition afin de mettre en relief une qualité du produit.

1. Une voiture de sport

2. Une montre

3. Une station de radio

4. Des chaussures

5. De la glace

EXERCICE 3 Ecrivez un paragraphe d'un discours pour ou contre une position controversée. Essayez de mettre en relief votre position par la répétition d'un mot, d'une idée ou d'une phrase principale.

C. Le superlatif

Pour faire ressortir une idée à propos de quelqu'un ou quelque chose, on peut utiliser les termes superlatifs pour le/la décrire.

C'est la **meilleure** affaire.

Le **meilleur** complice de vos nuits.

Le **premier** réseau téléphonique.

C'est le magasin où il y a **le plus de** choix.

On peut ajouter l'expression **entre tous (toutes)** à un adjectif ou à la forme superlative pour souligner un fait particulier.

Cette femme est belle **entre toutes** (belle entre les plus belles).

Ses yeux sont les plus fascinants **entre tous**.

EXERCICE 4 Ecrivez des superlatifs pour décrire votre université.

1. Les professeurs

2. Les cours de langue

3. Votre résidence/appartement/maison

4. Les étudiants

5. Le choix des cours

6. L'emplacement du campus

7. D'autres aspects

D. Le changement d'ordre

Modifier l'ordre usuel des mots peut faire ressortir un élément particulier.

On peut commencer une phrase par une préposition et renverser l'ordre du sujet et du verbe pour attirer l'attention du lecteur.

Dans notre magasin **se trouvent** uniquement **les montres** de haute qualité.
A 18 heures **se déroule un spectacle** à ne pas manquer.

On peut aussi commencer une phrase par un adjectif suivi de l'ordre inverse.

Incroyables sont les avantages de ce procédé scientifique.
Fragiles et délicates sont les premières fleurs du printemps.

On peut inverser le sujet et le verbe après **tant** et un adjectif.

On voit le sable du fond, **tant est claire l'eau de mer**.
Tout le monde va applaudir, **tant est désirée cette solution**.

EXERCICE 5 Transformez les phrases suivantes en modifiant la place des mots afin de mettre en relief l'idée considérée.

1. Les vacances d'été sont très attendues.

2. Les conséquences d'une telle décision sont nombreuses.

3. Les plages sont débordées à cette époque de l'année.

4. Le concert se déroule en ce moment dans le stade.

5. La tour Eiffel se situe à Paris.

E. L'expression **c'est [nom] qui** au début ou en fin de phrase met en relief le nom de l'expression.

C'est le Code du travail qui interdit l'ouverture des centres commerciaux le dimanche.
Ce sont les médicaments X qui guériront vos maux de tête en moins de 30 minutes.
Aux Etats-Unis, **c'est la rapidité qui compte**.

EXERCICE 6 Formulez des phrases pour décrire un des produits aux pages 152–160 de la section *Lecture* en utilisant au moins trois des procédés de mise en relief précédents.

Pour "la composition" de ce chapitre vous créerez une collection de 16 pubs différentes. Chaque pub doit persuader et convaincre le lecteur.

A. Choisissez trois objets que vous possédez et voudriez vendre. Créez deux petites affiches pour faire de la publicité pour chacun des objets avec l'intention d'attirer deux groupes de destinataires différents. Utilisez une image séduisante: une photo, une image d'un magazine ou un dessin original.

B. Le «pin's» est un bijou porté sur la veste comme un badge. Il porte un message et est devenu un outil de marketing important en France. Produisez une maquette pour un pin's (petit badge en métal) avec un logo publicitaire attrayant et intéressant pour votre groupe de musique préféré. Les destinataires seront des spectateurs en France.

C. Créez un autocollant pour voitures qui soutient une cause sociale en laquelle vous croyez. Il faut un slogan bref mais convaincant. Sur une autre feuille, identifiez les traits de vos destinataires cibles.

D. Créez une affiche pour une organisation qui vous intéresse. Faites de la publicité pour un programme d'études de langues à l'étranger ou pour une organisation d'étudiants étrangers ou pour un club francophone, par exemple. Votre but doit être clair (informer? inciter les lecteurs à participer? changer les attitudes? modifier le comportement de certains?).

E. Ecrivez une annonce dans laquelle vous vous proposez pour donner des leçons particulières de français pour débutants ou des leçons d'anglais comme langue étrangère pour francophones. Utilisez le procédé de mise en relief pour souligner vos idées importantes.

Le gouvernement français a dépensé 275 millions de francs en 1989 en campagnes d'information:

(1) PTT: pour la promotion du câble, l'avenir de la poste, l'utilisation du téléphone en été

(2) Santé, Solidarité et Protection sociale: information sur le sida, contre le tabagisme (l'abus du tabac)

F. L'agence de Santé, Solidarité et Protection sociale du gouvernement français prépare des campagnes d'information chaque année. Ecrivez deux annonces publicitaires qui confrontent un problème de la santé publique comme le sida, le tabagisme ou l'abus d'alcool. Annoncez votre message et incitez vos lecteurs à l'action **directement** dans la première et **indirectement** dans la deuxième.

G. Ecrivez une petite annonce personnelle pour améliorer votre vie sociale. (Avez-vous bien identifié le destinataire?)

H. Ecrivez une annonce pour expliquer aux étudiants de français les avantages d'une spécialisation en français. Soulignez les aspects positifs d'une telle spécialisation.

I. Préparez une pub ou une brochure touristique pour un des endroits suivants.

1. Une plage où il pleut tous les jours

2. Un club pour milliardaires

3. Les soirées dans une ville où le soleil ne se couche jamais

4. Les somnifères pour cette ville où le soleil ne se couche jamais

5. Un club pour paresseux

6. Une colonie de vacances pour les animaux

7. Un autre endroit imaginaire

J. Proposez un nouveau produit ou service pour une société francophone. Consultez vos idées initiales de **Préparation C** ou de **Travail en Groupe B**. Une fois que vous avez déterminé quelle sorte de produit ou de service vous offrez, développez la publicité pour votre produit ou service. Répondez d'abord aux questions suivantes.

1. A quoi sert votre produit/service?

2. Combien coûte-t-il?

3. Où pouvez-vous le vendre?

4. Qui sont les destinataires? (âge, sexe, profession, moyens financiers, niveau d'études, goûts, besoins)

5. Où habitent vos destinataires?

6. Connaissez-vous d'autres produits qui seront en concurrence avec le vôtre?

7. Quels sont les avantages de votre produit/service?

8. En résumé, pourquoi les gens achèteraient-ils votre produit ou service plutôt qu'un autre?

K. Sélectionnez dans la presse écrite francophone le magazine ou le journal dans lequel vous lancerez votre nouvelle idée. Justifiez votre choix selon vos destinataires-cibles (âge, niveau de vie, goûts, etc.). Il faut choisir les journaux ou les magazines qui vous aideront le mieux à attirer vos destinataires-cibles. Examinez encore une fois la presse de la section **Lecture** aux pages 152–160 et les sondages ci-dessous pour vous aider.

Pourcentage de chaque catégorie professionnelle qui lit la presse écrite suivante:

Professions	L'Equipe	La Croix	Le Figaro	Le Monde	Le Point	L'Express	Le Nouvel Observateur
salariés agricoles	—	1,4	—	—	1,4	—	—
agriculteurs	0,3	0,3	0,8	0,3	1,4	2,2	0,3
pêcheurs	—	—	—	—	3,2	—	—
ouvriers	4,4	0,3	1,1	2,0	3,9	5,6	4,7
contremaîtres	5,0	0,7	1,4	2,9	4,2	7,1	2,8
artisans	5,4	0,6	1,2	3,6	5,8	6,6	3,0
petits commerçants	8,0	0,6	1,8	5,0	3,1	4,9	1,2
employés de bureau	10,8	2,5	4,7	7,3	7,3	8,8	8,2
cadres moyens	9,7	2,8	11,1	12,0	9,1	21,6	11,1
instituteurs	10,4	4,3	2,6	19,0	13,8	25,0	25,8

	L'Equipe	La Croix	Le Figaro	Le Monde	Le Point	L'Express	Le Nouvel Observateur
Professions							
gros commerçants	7,7	—	5,1	5,2	5,2	12,8	2,6
industriels	8,4	4,2	12,5	8,3	16,7	12,5	4,2
professions libérales	2,0	2,0	18,4	16,3	20,4	30,7	8,1
cadres supérieurs	6,7	4,2	15,3	22,0	17,7	26,3	22,9
ingénieurs	8,2	2,8	23,0	24,3	19,0	28,5	13,6
professeurs	9,5	2,4	8,4	42,9	15,3	21,4	35,8

Chacun des chiffres représente le pourcentage de chaque catégorie de profession qui a lu le quotidien la veille ou l'avant-veille ou l'hebdomadaire la semaine précédente.

Lecture des quotidiens régionaux selon la classe sociale:

Catégorie de personne	Probabilité de lire un quotidien régional	
	HOMMES	FEMMES
agriculteurs	59,5%	53,5%
ouvriers spécialisés, personnels de service	54,8%	42,8%
ouvriers qualifiés, contremaîtres	56,6%	37,1%
petits patrons	63,7%	67,4%
employés	53,2%	42%
cadres moyens	46,7%	35,6%
cadres supérieurs	50%	42,5%

Identifiez le journal ou le magazine parmi la presse francophone dans lequel vous placerez votre publicité.

L. Préparez la pub pour votre nouveau produit ou service. Suivez les quatre étapes de l'AIDA. **Attirez** le regard de vos lecteurs. **Intéressez** vos lecteurs. (Faites appel à vos destinataires particuliers et à leurs goûts.) Créez le **désir** pour votre produit ou service. Incitez vos lecteurs à l'**action**.

COMMUNICATION

Vous examinerez le dossier de publicités d'un(e) autre étudiant(e).

Classez les publicités de la plus efficace à la moins efficace. Ecrivez un commentaire bref pour défendre votre classement. Commentez le travail en général et analysez en détail au moins deux pubs. Evaluez-les en vous servant des questions suivantes. Considérez également les questions de la section **Lecture D** pour vous guider.

- L'annonce est-elle originale? claire? bien organisée? honnête et convaincante?

- Est-ce que les illustrations aident à comprendre le message? attirent l'attention?

- Est-ce que le message passera?

REVISION

Choisissez une de vos pubs commentées par un(e) de vos camarades de classe. Ecrivez une réponse à leurs critiques ou rédigez la pub selon leurs suggestions.